普通高等教育"十二五"高职高专规划教材

景区开发与管理

主编 高 润 陈薇薇

西安交通大学出版社
XI'AN JIAOTONG UNIVERSITY PRESS

内容简介

本教材以大学实习生张明进入景区工作为引子,由此展开了一名新员工在进入景区管理机构后可能经历的各项工作和具体情境下的工作任务,并依据旅游景区的基本业务流程,构建了七个项目。每个项目开始通过技能点、知识点和验收点描述了项目要达到的目标。每个任务又分热身活动、知识讲解、案例参考、技能训练和课外活动五个环节。学生通过任务的完成来学习知识、掌握技能。

本教材可作为高职高专院校旅游管理或景区管理专业的教学用书,也可作为旅游企业培训员工的指导用书。

图书在版编目(CIP)数据

景区开发与管理/高润,陈薇薇主编. —西安:西安
交通大学出版社,2015.3
普通高等教育"十二五"高职高专规划教材
ISBN 978 - 7 - 5605 - 7111 - 9

Ⅰ.①景… Ⅱ.①高…②陈… Ⅲ.①风景区-旅游
资源开发-高等职业教育-教材②风景区-经济管理-
高等职业教育-教材 Ⅳ.①F590.3②F590.6

中国版本图书馆 CIP 数据核字(2015)第 033853 号

书　　名	景区开发与管理	
主　　编	高润　陈薇薇	
责任编辑	史菲菲	

出版发行	西安交通大学出版社
	(西安市兴庆南路 10 号　邮政编码 710049)
网　　址	http://www.xjtupress.com
电　　话	(029)82668357　82667874(发行中心)
	(029)82668315(总编办)
传　　真	(029)82668280
印　　刷	北京京华虎彩印刷有限公司

开　　本	787mm×1092mm　1/16　　**印张** 9.375　　**字数** 223 千字
版次印次	2015 年 4 月第 1 版　　2015 年 4 月第 1 次印刷
书　　号	ISBN 978 - 7 - 5605 - 7111 - 9/F · 505
定　　价	20.00 元

读者购书、书店添货,如发现印装质量问题,请与本社发行中心联系、调换。
订购热线:(029)82665248　(029)82665249
投稿热线:(029)82668133
读者信箱:xj_rwjg@126.com

版权所有　侵权必究

前言 Preface

经过十几年的高职教学，编者一致认为现在高职课堂存在的普遍问题就是：听课的学生很少，学生学习的兴趣很低。如何让学生都参与到课堂中来，提高他们的学习兴趣，是编者一直在探索的问题。近几年，通过对课程的项目化改造，采用了任务驱动式的教学方式，使课堂有了明显的改变，学生在课堂上忙起来了，教师成为了指导者和监督者。编者将几年来的教学改革经验进行总结，再加上平时积累的教学资料，编写了本教材。

本教材突破了传统高职教材理论排列式、本科压缩式的编写思路和编排体例，依据项目教学和行动导向等教学理念重新设置体例和教学内容，将理论根基有机地植入到具体的工作岗位和工作流程之中。这种基于工作过程的项目化编写形式，更适应高职教育教学改革的"实用为主、够用为度"的指导方针；更适合学生在项目目标指导下的自主学习、团队协作和技能开发；同时也更利于教师进行项目化教学的管理和实施，全面深入地钻研职业化课程的开发和设计。

本教材以大学实习生张明进入景区工作为引子，由此展开了一名新员工在进入景区管理机构后可能经历的各项工作和具体情境下的工作任务，并依据旅游景区的基本业务流程，构建了七个项目。每个项目开始通过技能点、知识点和验收点描述了项目要达到的目标，每个任务又分热身活动、知识讲解、案例参考、技能训练和课外活动五个环节。学生通过任务的完成来学习知识、掌握技能。在教材的设计上，本书紧跟时代趋势，融入智慧景区等理念，选取了时下最新鲜和最热点的案例，以及与任务内容相似、可借鉴的案例，让学生在完成任务时可模仿、可借鉴。

本书由北京交通职业技术学院高润和陈薇薇担任主编，负责本书的体例构思和主要内容的撰写，张燕、刘洁负责教材案例的搜集和企业调研结果的分析，裴冠金负责教材图表的设计和文字的校对。在本书编写过程中，借鉴了许多专家、学者的经典理论和资料，并援引了部分著作、文献的内容，本校旅游管理专业的几届学生也为本书的编写提供了诸多意见和想法，在此一并表示感谢！

由于编者的水平和时间有限，书中难免存在不足之处，敬请广大专家和读者批评指正。

编者

2015 年 2 月

目录 Contents

项目一　旅游景区基础认知

项目目标

技能点：

能客观辨析旅游景区的相关概念，能对不同的景区进行分级、分类，熟悉国内外旅游景区的管理制度和规范；能够运用互联网收集工作所需资料。

知识点：

了解旅游景区的基本概念和内涵；了解我国旅游景区发展的现状和存在的问题；熟悉旅游景区的分类标准及分类结果；掌握旅游景区的基本特征；掌握我国旅游景区未来的发展趋势。

验收点：

通过本项目的学习，学生能对旅游景区进行正确的认识，能够根据旅游景区的分类标准为不同的景区分级、分类，能对旅游景区的发展趋势和方向进行科学的预测。

任务一　旅游景区的概念和分类

热身活动

张明是某高职院校旅游管理专业的一名学生，进入景区实习已经有两个月了，由于他勤奋好学、踏实肯干，受到了实习部门经理的认可。近期，景区又要接收一批新的实习生，张明作为优秀实习生的代表，景区安排他为新来的实习生做一场关于景区基础知识方面的讲座，他该从哪些方面来准备？应该重点讲解哪方面的内容呢？

知识讲解

一、旅游景区的概念

旅游景区是旅游产品的核心要素，是旅游产品的主体成分，清晰了解景区的概念是景区管理的基础。然而到目前为止还没有一个国内外学者统一认可的景区定义，且不少名词又易于和景区的概念相混淆。以下是一些较为有代表性的定义：

（1）我国国家质量监督检验检疫总局发布的《旅游区（点）质量等级的划分与评定》（GB/T 17775—2003）这样定义旅游景区：具有参观游览、休闲度假、康乐健身等功能，具备相应旅游服务设施并提供相应旅游服务的独立管理区。该管理区应有统一的经营管理机构和明确的地域范围，包括风景区、文博院馆、寺庙观堂、旅游度假区、自然保护区、主题公园、森林公园、地质公园、游乐园、动物园、植物园及工业、农业、经贸、科教、军事、体育、文化艺术等各类旅游区（点）。

（2）国务院发布的《风景名胜区条例》这样定义风景名胜区：具有观赏、文化或者科学价值，

— 1 —

自然景观、人文景观比较集中,环境优美,可供人们游览或者进行科学、文化活动的区域。

(3)朱卓仁(Chuck Y. Gee):景区是因天气、风景、文化或活动而满足一个特定顾客群和市场的欲望和喜爱的一个区域。

(4)约翰·斯沃布鲁克(John Swarbrooke):景区应该是一个独立的单位、一个专门的场所,或者是一个有明确界限的、范围不可太大的区域,交通便利,可以吸引大批的游人闲暇时来到这里,作短时访问。

(5)英国旅游局(BTA)和英格兰旅游委员会(ETC):旅游景区是一个长期存在的出游目的地,其存在的首要目的是向公众开放并满足进入者的娱乐、兴趣和教育的需求,而不是仅仅用于购物、体育运动、观看电影和表演。旅游景区(点)的进入无需提前预订,可以吸引一日游游客和旅游者。

由于国家标准较为权威,且对景区经营管理活动有直接影响,本书采用《旅游区(点)质量等级的划分与评定》中的景区定义。

二、旅游景区的构成要素

(1)特定的旅游吸引物。旅游景区的旅游资源可以是天然形成的,也可以是人类历史遗留下来的,还可以是人工专门建造的,但对游客要有吸引力。资源的吸引性是旅游景区存在的前提。

(2)明确的地域范围。景区的地域范围,常表现为其门票所涵盖的范围。当然,旅游景区也不一定都非要用围墙圈起来。

(3)多种旅游功能。表现为满足游客体验需求的功能要素,可以是观光性的参观、游览,也可以是度假性的休闲、康乐,还可以是专项的教育、美容、求知等。旅游景区的主体功能取决于景区的旅游资源类别。

(4)必要的旅游设施、提供相应的旅游服务。旅游景区不仅拥有吸引游客的旅游资源,还要具备必要的设施与服务。设施与服务是旅游景区区别于旅游资源的两大要素。

(5)特定的管理主体。每个景区都有且仅有一个管理主体,对景区内的资源开发、经营服务进行统一的管理。它可以是国有的、股份的,或是民间的、私营的,也可以是个人的。

三、旅游景区的分类

(一)按旅游景区质量等级划分

1. 五级分类

国家标准《旅游区(点)质量等级的划分与评定》规定,旅游景区质量等级划分的依据与方法为:根据旅游景区质量等级划分条件确定旅游景区质量等级,按照《服务质量与环境质量评分细则》《景观质量评分细则》的评价得分,并结合《游客意见评分细则》的得分综合进行。经评定合格的各质量等级旅游景区,由全国旅游景区质量等级评定机构向社会统一公告。评分内容涉及旅游交通、游览设施和服务、旅游安全、景区卫生、邮电服务、景区购物、景区经营管理、景区资源吸引力、景区的市场吸引力、景区的国外游客年接待规模、游客满意度的抽样调查结果。截至2008年10月,我国共有各类A级景区3503家,其中5A旅游景区66家,4A旅游景区1008家,3A旅游景区1200家,2A旅游景区930家,1A旅游景区299家。

服务质量与环境质量满分为1000分,共分为八个大项,各大项分值为:旅游交通130分,游览235分,旅游安全80分,卫生140分,邮电服务20分,旅游购物50分,综合管理200分,资源和环境的保护 145 分;景观质量满分为 100 分,其中资源吸引力 65 分,市场吸引力 35 分;游客意见评分满分为 100 分,其中总体印象满分为 20 分,其他 16 项每项满分为 5 分,计 80 分。满意度评分依据主要参考《旅游景区游客意见调查表》的得分情况。具体要求:在质量等级评定过程中,《旅游景区游客意见调查表》发放规模,应区分旅游景区的规模、范围和申报等级,一般为 30~50 份,采取即时发放、即时回收、最后汇总统计的方法;回收率不应低于 80%;《旅游景区游客意见调查表》的分发,应采取随机发放方式;原则上,发放对象不能少于三个旅游团体,并注意游客的性别、年龄、职业、消费水平等方面的均衡。

各等级景区标准如表 1-1 所示。

表 1-1　各等级景区标准

	服务质量与环境质量	景观质量	游客意见
5A	950 分	90 分	90 分
4A	850 分	85 分	80 分
3A	750 分	75 分	70 分
2A	600 分	60 分	60 分
1A	500 分	50 分	50 分

2. 两级分类

《风景名胜区条例》将我国风景名胜区分为国家级和省级两级。自然景观和人文景观能够反映重要自然变化过程和重大历史文化发展过程,基本处于自然状态或者保持历史原貌,具有国家代表性的,可以申请设立国家级风景名胜区;具有区域代表性的,可以申请设立省级风景名胜区。自 1982 年以来,国务院共审批通过 8 批 225 处国家级风景名胜区。

(二)按旅游景区的功能划分

按旅游景区的功能划分,可以将旅游景区划分为游览观光类旅游景区、度假休闲类旅游景区、科学考察类旅游景区、娱乐体验类旅游景区和综合类旅游景区。

1. 游览观光类旅游景区

该类景区主要以观光游览为主,拥有较高审美价值的旅游资源。如湖南张家界、澳大利亚大堡礁、尼亚加拉大瀑布等属于此类旅游景区。

2. 度假休闲类旅游景区

度假休闲类旅游景区是拥有高质量的服务设施和环境条件,为旅游者提供度假康乐等休闲服务的独立景区。如北海银滩、美国夏威夷、印尼巴厘岛等属于此类旅游景区。

3. 科学考察类旅游景区

科学考察类旅游景区是以科学考察和科学普及类旅游资源为主,具有较高的科学研究价值,能满足旅游者求知欲的相对独立景区。如北京周口店遗址、四川虹口地震遗址、五大连池世界地质公园等属于此类旅游景区。

4. 娱乐体验类旅游景区

娱乐体验类旅游景区是以现代游乐设施为基础,为旅游者提供娱乐体验的景区。如深圳欢乐谷、美国迪斯尼、苏州乐园、日本豪斯登堡等属于此类旅游景区。

5.综合类旅游景区

综合类旅游景区是具有两个或两个以上功能,以多形式的旅游产品组合吸引不同需求的旅游者的景区。因其多元性而竞争力较强,成为景区发展的流行趋势。

(三)按旅游景区的所有制形式划分

按旅游景区的所有制形式划分,可分为国有、合资、民营、股份制等多种形式。国有旅游景区一般是科学和历史价值很高,需要特别保护和研究的景区,如世界遗产、地质公园、自然保护区等。目前我国国有旅游景区仍占据主导优势,但近年来在国家政策的鼓励支持下,其他所有制形式的旅游景区得到迅速发展。

(四)按旅游资源类型划分

按旅游资源类型划分,旅游景区可分为自然类旅游景区、人文类旅游景区和复合类旅游景区。

(1)自然类旅游景区:由多个自然类旅游景点组成,并辅以一定的人文景观的相对独立的景区,以名山大川和江河湖海为代表。如长江三峡、九寨沟、黄龙、鼎湖山等。自然类旅游景区又可分为山地旅游景区、水体旅游景区、森林旅游景区、洞穴旅游景区和综合旅游景区。

(2)人文类旅游景区:由多个人文旅游景点组成,并辅以一定的自然景观为背景的相对独立的景区。如长城、苏州园林、白金汉宫、陈家祠等。人文类旅游景区又可分为历史文化名城、古代工程建筑、古代宗教、古代园林以及综合型人文旅游景区。

(3)复合类旅游景区:由自然旅游景点、人文旅游景点相互衬映、相互依赖而形成的相对独立的景区。该区域中自然景观和人文景观的旅游价值均较高,如泰山、黄山、峨眉山-乐山大佛、武夷山等。

(五)按景区形成的原因划分

美国学者C.R.戈尔德耐、J.R.布伦特·里奇、罗伯特·麦金托什在《旅游业教程:旅游业原理、方法和实践》一书中,根据景区形成的原因将其划分为文化、自然、节庆、游憩和娱乐等五种类型。这种分类方法被人们称为景区类型的"五分法"(见图1-1)。

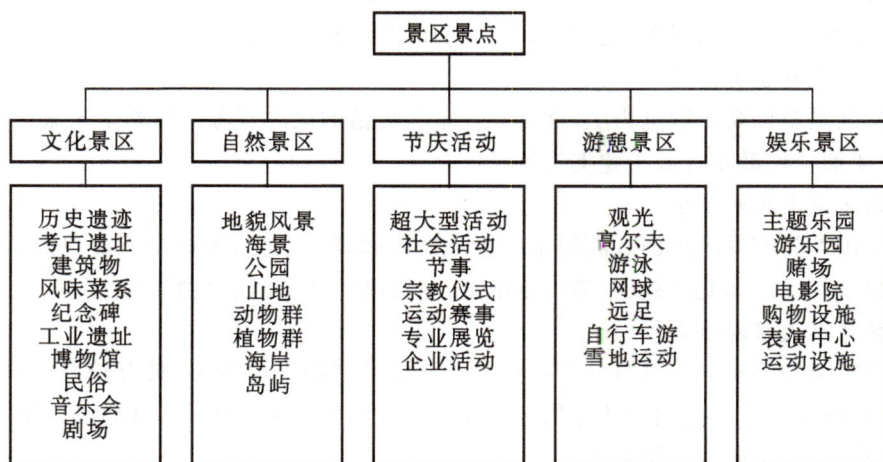

图1-1 旅游景区类型的"五分法"

案例参考

案例1：黄石公园的特色旅游项目

1872年3月1日，美国第18任总统格兰特签署了《黄石公园法案》，自此美国第一个国家公园诞生。黄石国家公园也是世界上第一个国家公园。它位于美国爱达荷、蒙大拿、怀俄明三个州交界的北落基山之间的熔岩高原上，绝大部分在怀俄明的西北部。海拔最高处达2438米，面积8956公顷。公园内的森林占全国总面积的90%左右，水面占10%左右。园内最大的湖是黄石湖，最大的河流是黄石河。此外，园内还有峡谷、瀑布、温泉及间歇喷泉等，是一个负有盛名的游览胜地。

黄石公园以保持自然风光而著称于世。6000万年以来，黄石地区多次发生的火山爆发，构成了现在海拔2000多米的熔岩高原，加上3次冰川运动，留下了山谷、瀑布、湖泊以及成群的温泉和喷泉。大自然用水、火、冰、风在这里精雕细琢，安排了迷人的景色。要游山，东、西、北三面，山峰起伏崎岖，山山之间有峡谷，道路坎坷，山岩嶙峋；要逛水，河、湖、溪、泉、塘，大小瀑布，应有尽有，有的从云端直泻而下，有的自山谷奔流而出，有的从地下涌现；要看动物，有水禽、飞禽及野生的哺乳动物——麋鹿、黑熊、驼鹿和大角羊。黄石国家公园于1978年被列入世界自然遗产名录。

由于具有异常丰富的旅游资源、长达100多年的旅游历史以及众多特许经营商的加盟，如今，黄石公园已成为旅游者的天堂，其旅游活动可以说是包罗万象、丰富多彩，适合不同品味的形形色色的旅游者。

黄石国家公园内除了传统观光旅游项目外，还开展了一些有特色的旅游项目，如：

1. 初级护林员（junior ranger program）

黄石公园针对5～12岁的孩子开展了一项名为"初级护林员"的官方项目，其目的是向孩子们介绍大自然赋予黄石公园的神奇以及孩子们在保护这一人类宝贵财富时所扮演的角色。

要成为一名初级护林员，每个家庭只需要为长达12夜的活动表支付3美元，这样孩子们就可以参观公园的任何一个游览中心。孩子们的主要活动包括：参加由公园护林员引领的一些活动，在公园的小道上徒步旅行，完成一系列关于公园的资源和热点问题的活动，以及了解诸如地热学、生态学的相关概念。然后，在核实了孩子们确实出色地完成了上述活动后，参与者将被授予官方的"初级护林员"荣誉称号。无论是孩子们，还是这些孩子的父母们，都共同分享了成为初级护林员的乐趣。

2. 探险：黄石（expedition：Yellowstone）

"探险：黄石"活动是针对4～8年级学生的旅游项目。国家公园为学生提供4～5天的野外课程，由有多种知识背景的护林员作为老师为学生教授公园的自然、文化历史，指导进行野外调查、讨论问题、编排戏剧、撰写旅行日记等，学生可以通过与护林员及父母一起参加活动获得各种野外知识及体验。

3. 野生动物教育——探险（wildlife—venture）

黄石公园是全美观察悠闲漫步的大型野生哺乳动物的最佳地区之一。该活动在黄石公园协会的一名有经验的生物学家的带领下，探索黄石公园内珍稀的野生动物。通过该活动，参与者将会了解在何处、何时、怎样观察野生动物，并且从它们的行为、生态学以及保护状况中得到满足。

4. 寄宿和学习

该项目对于那些想通过游历世界上最早成立的国家公园而获得乐趣、恢复精力的游客而言，真正是集教育和休闲于一体。借助于黄石公园住宿条件，该项活动为游客提供了最为美好的两个不同世界。白天，参与者在黄石公园研究会的自然学家的带领下饶有兴趣地探寻黄石的有趣之处；夜晚，他们返回住处享受美味佳肴和舒适的住宿设施，并且在历史性的公园饭店内体验丰富多彩的夜生活。

该项目针对滑雪爱好者、野生动物爱好者、徒步旅游者、家庭成员以及打算带走一些标本的游客提供全年的服务。

5. 现场研讨会

该活动为游客提供一段相对比较集中的近距离的教育经历，主要涉及一些专门领域，如：野生动物、地质学、生态学、历史、植物、艺术以及户外活动的技巧。近年来的现场研讨会还包括了野狼世界、关于冬天的写作、黄石公园的火山活动、荒野紧急救援、高山地区的野生花卉以及黄石公园的 Ghost 饭店等。

研讨会的指导者一般是对黄石公园充满感情的、并且愿意与他人共享其专业知识的知名学者、艺术家和作家。而无论是青年和老人、男人和女人、长期从事科研工作的学者还是初来黄石公园的游人，凡是具有某一方面好奇心的游客，都可成为该活动的积极参与者。

大多数的研讨会都会在黄石公园内的骆驼谷（Lamar Valley）、野牛牧场（Buffalo Ranch）或是公园的饭店举行。活动一般会持续 1～4 天，人员限制在 13 人以内，费用为 55～65 美元/天。

6. 徒步探险（hiking）

黄石公园是全美国最原始的荒原地区。这其中，有 1600 多千米的小道适合徒步行走，在公园守护者的带领下，游客花半天的时间，参观鲜为人知的垭热区、探寻野生动物的栖息地、经历黄石公园的一段荒凉地带。

总体来说，黄石公园的徒步探险旅游可选择的活动线路有很多，由于海拔、距离和险峻程度不同，徒步旅行的难度也从轻松到艰险不等。

7. 野营和野餐（camping & picnicking）

黄石公园内共有 12 个指定的野营地点，不同地点收费也不尽相同，其中大部分野营地遵循谁先到就先为谁服务的原则。在野营地点，游客可以既欣赏黄石公园的美景，又可以远离喧嚣的都市，体验悠闲自得的恬静的乡野生活，同时，还可以通过与公园守护者、其他游客的交谈，以及举行的一些活动加深对黄石公园的美好经历。

8. 钓鱼和划船（fishing & boating）

黄石国家公园内允许有偿的钓鱼和划船活动，公园内有专门的商店出售钓鱼用具和出租船只（有非机动船和机动船之分）。国家公园对钓鱼活动的时间以及地点都作了详细的规定，并且在公园进行钓鱼和划船活动前，必须办理许可证。

9. 骑自行车和骑马（riding）

美丽广阔的黄石国家公园是自行车迷的天堂，每年有大量的游客在公园内进行自行车骑行运动，公园内规定自行车可在除徒步小道和木制栈道外的所有道路上行驶，同时自行车的露营地也被限制在一定的区域内。骑马是很多游客喜欢的游览方式，骑马欣赏公园内的各种美景，更能增加游客体验。公园内规定骑马必须有导游陪同游览。

资料来源：大地风景旅游研究院. 国外案例之美国黄石国家公园[EB/OL].[2012 - 06 - 25]. http://www.beltourism.com/nnews109/346.html.

案例2：旅游景区应避免"孤岛效应"

在宣布关闭景区约12个小时后，峨眉山景区前日凌晨实现部分开放，暂未接待游客的景区是因"游山道两侧仍有部分安全隐患未清除"。不过，有媒体记者调查发现，暂未开放的景区，或许同时还受村民堵路表达诉求的影响。而村民堵路，是他们认为景区的一些措施影响到自身生计，其诉求包括归还林权证、从景区门票收入中分红等。

峨眉山景区关闭风波，究竟是起因于地质安全，还是当地村民维权，自然还有待媒体的进一步调查和相关部门的信息披露。但旅游景区和当地居民之间的利益冲突，在中国旅游大发展的时代背景下，却是一个真实的、无可回避的难题。一些景区圈"景"为"区"，并使景点隔绝于当地，沦为"旅游孤岛"。这样的开发范例，很可能只是富了开发商，富了投资客，甚至富了旅游部门，却穷了当地民众，甚至因景区建设而使当地民众承受了本不该承受的不便。

峨眉山景区是不是这样的"旅游孤岛"，还难以断言。从媒体披露的村民诉求来看，无论是要求发放林权证、参与景区门票收入分红，还是要求景区管委会聘用景区村民、取消景区学生上学的往返车费等等，都是经济利益诉求。既然是利益博弈，就该有通过谈判解决的有效管道。村民堵路无疑是不对的，甚至还可能构成违法。但对于景区管理方来说，重要的事不是掩盖景区与当地村民之间的矛盾，而是正视村民诉求，在合法合情合理的原则下，去尝试化解纠纷、安抚民心，并反思景区开发和运营，是否与当地村民的生活越来越远。

旅游的本质是一种体验、一种社会交流，是旅游者为了满足生活和文化的需要，而作为经济和文化商品的消费者逗留在异地的人的交往。旅游景区的开发，绝不能止于向游客呈现某个固定路线的风景。或者说，当地人和当地文化，其实也是"风景"的一部分，也是游客各种需要当中的重要内容。无论是旅游开发的前期设计、建设过程还是运营过程当中，都需要将当地村民主动纳入。尤其对于当地政府部门来说，对旅游市场进行监管的重要内容之一，就是不能任由开发商圈地围景，回避景区对当地人应尽的经济责任和道德责任。

无论从哪方面看，旅游开发都是一个系统工程，牵一发而动全身。越是热门的旅游景区，越应避免陷入旅游开发的"孤岛效应"。跳出旅游看景区，其实当地的法治状况、教育状况、公共福利状况以及纠纷解决，都是景区软环境的有机组成部分。游客来到一个景区，不仅感受到了绝美风景带来的视觉冲击，也同样会感受到当地风土人情及其社会生活现状，一味采取"围城"开发的形式回避景区与当地居民的矛盾，并不是发展之道。唯愿峨眉山景区与当地村民能在和平的利益博弈中，为其他旅游景区提供一个走出"孤岛效应"的范本。

资料来源：王云帆.旅游景区应避免"孤岛效应"[N].京华时报，2014-07-01.

技能训练

1. 以5人为一个小组，阅读并讨论案例1中黄石国家公园开展的特色旅游项目有什么特点（要求：落实为文字，每个特点要用数字编号，并作适当的说明）。

2. 根据知识讲解中景区类型的"五分法"对旅游景区进行分类，并利用网络资源查找相关资料，完成下表中对景区类型的举例，每个类型的举例不得少于三个。

	分类	举例
景区景点 文化景区	历史遗迹	
	考古遗址	
	建筑物	
	风味菜系	
	纪念碑	
	工业遗址	
	博物馆	
	民俗	
	音乐会	
	剧场	

时间:45分钟

课外活动

参考技能训练2的表格形式,将景区类型的"五分法"中的自然景区、节庆活动、游憩景区、娱乐景区这四个大类的详细分类用表格的形式展示出来,并给每一个详细分类举出不少于三个的例子。

任务二　旅游景区发展趋势的预测

热身活动

张明给新实习生做的入职培训讲座收到了热烈的反响,在与新实习生互动讨论的环节,一位同学问到:"未来旅游景区的发展趋势是什么呢? 旅游景区未来将向什么方向发展呢?"如果你是张明,你会怎样回答呢?

知识讲解

一、中国旅游景区的发展

(一)古代萌芽阶段

我国古代的旅游形式主要有以隋炀帝、清高宗为代表的皇帝巡游,以李白、杜甫为代表的士大夫漫游,以玄奘、鉴真为代表的宗教旅游,以丝绸之路和海上香料之路为代表的商务旅游,以徐霞客、沈括为代表的科学考察旅游等。我国古代的景区主要体现在园林方面,并对世界园林体系有着重大影响,有"世界园林之母"的美誉。

中国园林早期的形态为囿、苑、圃等形式。商代的囿是从天然地域中圈出一块土地,挖池筑台,放养禽兽,以供帝王狩猎取乐。秦始皇建上林苑,汉武帝时扩建,方圆达300里。魏晋南北朝,园林趋于寄情山水、回归自然,写意的山水园林形成初步的观念与手法。唐宋秉承魏晋之风,在形与意方面,更为后来的私家园林打下基础。明清之际,园林艺术日臻精湛,涌现一批造园专著,如《园冶》《帝京景略》《娄东园林志》等,以及像计成、张然这样的造园专家。

中国园林的造园理念,首先秉承的是"天人合一"的哲学观点,追求的是人与大自然的和谐相处。园林是古代士大夫思想精神的空间寄托,如清代钱泳所说,"造园如作诗文"。在造园准则方面,强调"有定法,无定式",构景要素有叠山、理水、动植物、建筑等。

(二)近代的低迷阶段

通常人们把1840年以前的园林称为古典园林,我国园林从古代到近代的转折是以公园的出现为标志。1868年,上海出现我国最早的公园——公花园(欧式花园,现为黄浦公园)。西方园林追求理性,强调按照纯粹的几何结构和数学关系发展,强调"完整、和谐、鲜明"原则。这种公园的出现使得我国旅游景区的类型日渐多元。

但因为列强用坚船利炮打开国门,中国遭遇内忧外患,国力衰败,战火不断,景区的发展一直处于低迷状态,更有火烧圆明园这样的悲剧发生。

(三)现代旅游景区快速发展阶段

新中国成立后,景区的发展一度出现反复。建国初,为丰富人民的生活,政府在城市兴建了大量的休闲公园、疗养院,景区的发展全面复苏。之后"文化大革命"的十年,整个中国经济出现全面滑坡,景区的发展停滞甚至崩溃。

改革开放后,旅游业进入快速发展阶段。20世纪80年代初,国家公布了首批24个历史文化名城和44个国家级风景名胜区,推动了我国景区的开发和建设。在市场经济的推动下,景区的经营管理与服务得到很大的提高。80年代中期以后,涌现出一片人造景观和主题公园,如华侨城、苏州乐园。国家公园、森林公园、世界遗产、旅游度假区、自然保护区、地质公园、温泉、海滨、滑雪、滑水、高尔夫等多种类型的景区也得到迅猛发展,形成比较完善的景区体系。90年代中期,国家又推动旅游示范区、生态旅游示范区建设,强调可持续发展理念。2005年,国家旅游局公布首批全国工农业旅游示范点。中国从政府主导战略正向旅游强国战略转型。

二、当前我国景区存在的主要问题

当前中国旅游市场入境旅游、出境旅游和国内旅游呈三足鼎立之势,发展环境与条件明显改善,但国际化的市场需求和国内化的旧式管理之间的矛盾越来越显著。综合以往研究成果和景区案例分析,我国景区现今主要存在四大问题:

(一)产品雷同,缺乏创新意识

"千人一面"是中国旅游业一个不可忽视的问题,例如当前很多历史文化名城文化内容丰富,但缺少成熟和高品位的旅游产品,更缺乏完美的能将文化历史发展过程展示出来的旅游产品,致使面临"有名无实"的尴尬。并且旅游产品老化,缺少主题,低水平重复建设等,导致景区间恶性价格竞争,进入行业高失败率的恶性循环。20世纪90年代初,深圳"锦绣中华"—"中华民俗文化村"—"世界之窗"成功实现了三级跳,开创了我国人造景观的先河,一时间可谓名利双收。但紧接着广东沿海地区人造景观一哄而起,广州的"世界大观""华夏奇观""航天奇观""华夏春秋""风情大世界",珠海的"圆明新园",阳江的"宋城",潮州的"美人城"等一系列的重复项目盲目跟上,结果或是胎死腹中或是半途夭折,即使建成开业者也免不了惨淡经营,难以为继。盲目模仿不仅自己不会成功,而且使那些已成功的旅游景区也陷入恶性竞争的泥沼之中,对整个旅游产业都是一个致命性的打击。

(二)设施不完善,"人文"关怀缺失

基础设施不完善不合理是我国许多观光型景区的通病,如厕所数量不足,与整体景观不搭调;商贩缺乏统一管理,随意摆摊,商品低档次高价位;休闲娱乐设施缺少,餐馆和旅店千篇一律,特色不突出;环境卫生条件差,商贩和游客环保意识薄弱;等等。这些问题拉低了整个景区的档次,致使景观突出依然难形成强势吸引核,游客倾向于短时旅游和一次旅游,不会长时间逗留和二次到来。

事实上,游客之所以旅游是由于人类对审美、休憩、康体等身心放松的某种需求,并不是片面地追求景色优美,身心的舒适度更是其考虑的重要方面。因此,景区要想吸引游客留住游客,必须要有高规格的服务质量,让游客感到物有所值,不虚此行。

(三)主题不突出,辨识度低

景区的总体形象是什么?与周边的同类景区形象差异在哪?这些问题模糊不清就会造成景区建设主题不突出,个性不鲜明。对旅游者来讲,缺乏辨识度的景区会逐渐失去对其的兴趣及关注。

国内景区在经营管理上缺乏市场运作和主体竞争的观念,即使有部分景区产生了朦胧的主题意识,开始向主体经营、资本运作的领域深入,也往往因其主题不突出,主营业绩较弱,导致游客对主题的错误认识,无法发挥主题效益。以广东省为列,全省具有一定规模注册的旅游景区有400多个,但绝大多数没有形象设计,主题营销。有些自然景区自然资源属于世界级奇观,却没有被充分利用,只是简单的观光式旅游;而有些历史文化资源则缺少总结概括,景区内仅涉及少量的历史文化方面的旅游产品,缺乏提炼的精品文化主题。

(四)盈利模式单一,门票经济横行

统计显示,五成游客旅游花销多花在门票上,门票支出占旅游消费最重的游客比例较大,达21.92%,随后才是交通、购物、餐饮、住宿和文化娱乐。究其原因,旅游产品结构不合理、景区的攀比心理和地方财政对门票收入的依赖组成了门票经济的"三大推手"。旅游"吃、住、行、游、购、娱"六大要素,都可以成为旅游经济的重要盈利方式,甚至现在又增加六个要素"文、深、慢、漫、精、境",这十二个要素加在一起构成一个完整的运营体系。以往我们只关注一个或几个环节,难免就造成当今盈利模式单一的局势。

景区收入的单一化,不能通过其他途径来消化成本,提高收入,对"门票经济"过于依赖。这就导致国内景区门票不断上涨,而部分景区更是"逢节必涨",随着黄金周的到来各景区更是"涨声"一片。它的危害显而易见,一方面将使人们对旅游的兴趣减弱,另一方面更会损害我国旅游市场的信誉和形象。"门票经济"不适合当前旅游的发展,景区要想实现可持续发展,逐步摆脱"门票经济"向产业经济发展,更是其必经之路。

三、我国旅游景区未来的发展趋势

经济一体化,世界多元化,中国经济持续增长,在此时代背景下,中国景区的发展未来将走向哪里?国际国内旅游市场的发展,旅游者的数量不断增多,诉求越来越多样化,中国景区建设又如何满足市场需求?结合当前国内旅游发展的现状,中国旅游景区发展将主要呈现五大趋势:

(一)基建细节化

把旅游基础设施建设作为投资的重要方面,有计划地加强旅游区的基础设施建设,为基础设施和服务设施建设做好先决条件。细节化,就是杜绝以前的粗放式经营管理,设施建设中既充分考虑到游客的需求,也考虑到整体景观的和谐度。比如景区内的公厕、垃圾箱等除要做到数目、位置、卫生环境达标外,还要做到标识美观化、造型景观化,独特美观,与环境相协调。既

要从景观质量、环境质量层面加强景观设施、旅游基础设施的完善和提升,包括加快景区游客服务中心、景区内外旅游道路、导览系统、卫生设施、安全设施等方面的建设,同时也需要从景区消费体系和盈利体系的角度完善相关配套设施,包括餐饮、游乐、住宿接待、购物消费等。此外应提高标准要求,从打造精品景区角度逐步完善景区游憩体系、景观体系、消费体系、安全体系、环保体系、营销传播体系、服务体系、旅游保障体系等,从而使得景区朝着旅游精品方向健康发展。

同时,旅游景区基础设施建设、游憩设施建设、配套设施建设等是 A 级景区验收评估的重点,结合景观质量、环境质量标准,全面完善和提升旅游景区各项基本建设,可为 A 级景区的创建提供分量极重的"砝码"。

(二)产品特色化

旅游产品是旅游生产者和旅游经营者为满足游客的需要,在一定地域上生产或开发出来的以供消费的物品或服务,包含核心旅游产品和组合旅游产品。旅游产品的特色化包括核心旅游产品的主题化和组合旅游产品的特色化两个方面。一个景区的旅游产品要想有吸引力,必须要有独特性,甚至是不可替代性。所以在进行产品设计时,一定要突出原生态、本土化、静态与动态兼备、时尚与怀旧相济的独立特色。景区只有打造与景观特色景观文化紧密联系的特色文化旅游产品,树立自己的品牌,创造文化旅游精品,最终才能获得高起点、高品位、健康、有序的发展。同时,大力扩展旅游产品结构,给旅客更多的旅游项目选择。在继续保持观光度假型旅游产品的发展的同时,深入挖掘文化内涵,挖掘出更多的文化旅游产品,突出主题,不断创新,大力开发专项旅游产品。景区需要增强旅游项目的参与性、趣味性、互动性、情境化、体验化,纵向发展当地旅游,发起观光型景区向休闲度假的升级,拉长当地旅游产业的产业链,促进产业的优化升级。

(三)管理智慧化

数字地球在我们的日常工作生活中已经如火如荼,以计算机技术和网络化技术应用为主要手段的信息化已成为全球经济的发展趋势。旅游业跨越多个行业,是交通、餐饮、娱乐、住宿、购物等诸多传统服务业的集成,旅游业的智能化、现代化,不仅是自身发展的需要,也会带动其他产业的优化升级。

旅游管理的"智慧化"就是搭建网络互动平台,让游客与网络实时互动,游程安排进入触摸时代。利用移动云计算、互联网等新技术,借助便携的终端上网设备,帮助游客互动体验并及时安排和调整旅游计划,是以一体化的行业信息管理为保障,激励产业创新、促进产业结构升级的重要手段。从 2010 年始,南京、苏州、温州等城市相继制定了智慧旅游发展战略,至今已经取得了初步成效。国家旅游局也部署了智慧旅游城市试点工作,确定了江苏镇江为国家智慧旅游服务中心。借助手机或便携电脑,利用现代信息技术,即可享受信息咨询、在线支付等周到服务。智慧旅游正在从一个新概念,变成可感可触的新体验。

(四)旅游人本化

无论旅游的目的地是哪,旅游的主体始终是人,使人有愉悦感和舒适感是旅游目的地各项建设存在的最终目的。基于旅游者的种种心理需求,中国现代旅游业如果缺乏人性化的因素,将会显得空洞、无内涵,从而难于立足于世界旅游市场。因此,旅游人性化的发展趋势是必然的。

旅游的人本化包括自然景观的人性化、景点设计的人本化和旅游交流的以人为本三个方面。不同游客的需求侧重点不同,但他们都有一个共同的需求,就是人性本原的满足。根据现代行为科学理论,人的行为取决于动机,旅游者对于景观的青睐行为,正是出于要求得到景观对于人性本原满足的这种动机;景点的人本观是景点如何让旅游者通过观光感受到对人性的关注,或通过对景点的观光使游客感受到对人性的爱护;旅游对于服务提供者来说是一种经济行为,但对于消费者来说是一种文化意义、交流意义、联谊意义的人本行为。一个旅游者到一个陌生的地方,他是带着自己熟悉的生活方式,来了解一种未知的,至少是陌生的东西。旅游者希望得到的,除了观光上的满足和文化上的收获之外,还有一种感情上的寄托,希望得到旅游地人民的理解,建立与他们的友谊,这就是旅游的人本观念。

而人类总是从修学、审美、休憩、康体、交流等某种需求,或几种需求结合出发,开始旅游生涯;当旅游多年,积累丰富以后,开始寻求不同于日常生活也不同于一般旅游的体验式旅游;当体验式旅游达到了一定的积累,一部分人将会追求旅游作为一种生活方式,一种定时、不定时的与工作、日常生活同样重要的生活方式,一种自我实现中不可缺少的生存方式。因此,旅游景观要想吸引游客第一次到来,首先要具有的特征就是满足以上一种或几种需求能力,游客满足度越高,到目的地的可能性就越大。而如果想要吸引游客多次到来,则有了更高的要求。游客要求体验式的旅游也就是更多的娱乐体验,这就要求了解游客到旅游目的地的娱乐诉求是什么,再围绕此主题做好文章。

(五)产业多元化

在旅游业快速发展过程中,旅游业多元化发展的特征日趋明显,既表现为外延多元化,也表现为内涵多元化和动态多元化。一般来说,旅游产业具有投资规模大、回收期长和经营季节化显著等特征,这给旅游业的经营带来了一定的行业风险。而旅游经营多元化则是可以规避该风险的一个有效措施,同时紧随主业的相关产业多元化有利于景区的做大做强。另外,当前旅游客源市场的多元化、产品的多元化和旅游保障系统的多元化,也从客观上决定了旅游业的多元化,催生了旅游产业的多元化。

根据近年上市公司的数据研究结果显示,在现金流动量无大区别的情况下,多元化经营的旅游企业的盈利能力优于其他企业,多元化经营带来的正的经济后果,即范围经济和协同效应提高了企业的经营效益。虽然有时一个成功的单体特色旅游产品也会造就一个巨大的磁场形成所在地区的旅游市场聚集效应,但是一个成熟的旅游目的地除了核心吸引力的旅游产品外,更需要区域中心城市综合环境对当代旅游者的凝聚力。

综上所述,在旅游业的快速发展过程中,旅游业基础建设的细节化、旅游产品的特色化、景区管理的智慧化、旅游体验的人性化和产业发展的多元化等特征日趋明显,总体表现为外延的延伸和内涵的凝聚。中国,不仅是一个旅游大国,而且是一个旅游强国,其旅游业呈现出全方位、多层次、多样化、新格局的发展态势,并将成为国民经济发展的一个重要组成部分。景区要想获得好的发展,必须要突出当地旅游资源的特色性和多样性,旅游产品的独特性和组合性,旅游管理的统一性和动态性,旅游运营的针对性和综合性,在充分整合旅游资源的基础上,发挥区域旅游优势,促进旅游业快速协调发展。

案例参考

案例1:无棣黄河岛景区:个性化定制旅游扮靓黄河岛

来自河南老兵户外俱乐部150人组成的大型旅行团来无棣黄河岛景区旅游,景区根据客人的个性化定制要求,在游客游览结束之后,为游客举办了一场亲近大自然的露天篝火晚会。游客对景区这种特色服务深表满意,纷纷表示此次黄河岛之行给他们留下了深刻的印象。

黄河岛景区自创成国家AAAA级旅游风景区后,成立专职旅游营销团队,针对每个团队及游客需求推出个性化定制旅游,赶海拾贝、篝火晚会、生态采摘、休闲垂钓等特色项目成了游客的自选旅游项目,真正解决了在旅行过程中,游客可以根据自己不同的喜好自主选择旅游项目的问题。个性化定制旅游已成为黄河岛旅游的"新名片",自7月份以来,黄河岛景区已累计接待游客8000余人次。

据悉,到2015年,旅游消费将占居民消费总量的比例达到10%,国内游人数将达33亿人次,旅游行业总收入达2.5万亿元。随着旅游市场的逐步成熟,游客出游需求和出游方式已多样化,传统的观光旅游正向休闲旅游、度假旅游、体验旅游、乡村旅游等新型、多业态、多形式旅游转变,伴随着旅游业的迅猛发展,"定制线路""深度旅游""高端旅游"等旅游项目,必将成为旅游新的增长点。

资料来源:无棣黄河岛景区:个性化定制旅游扮靓黄河岛[EB/OL].[2014-09-17].http://sd.china.com.cn/bz/2014/binzhoulvyou_0917/30759.html.

案例2:四川:"智慧"成亮点旅游更便捷

国庆长假来临,四川各地一如往年地迎来了四面八方的游客,全省节日氛围浓厚。四川各地为广大游客提供的智慧旅游产品和智慧旅游服务大受青睐,成为假期新的亮点;而该省的智慧旅游管理系统更是在背后默默地支撑着全省旅游市场的有序运行。

在成都武侯祠,来自西安的小马和女朋友小高手拉着手,两人分别戴着源自同一部手机的耳机听筒,原来,他们正在使用四川旅游官方微信中的"随身导"功能。"这个产品实在太好了,每到一个景点,基本都有对应的详细讲解,有的还有视频。"小马说,"因为行程早就订好了,所以我们昨天晚上用酒店的WIFI把整个武侯祠的内容都下载到了手机上,一分钱也没花。"其实,四川开发的"随身导"远不只是武侯祠,包括九寨沟、黄龙、乐山大佛、峨眉山、青城山、都江堰等在内的数十个重点景区都已纳入该系统,为各地游客免费提供讲解服务,颇受各地游客青睐。

在素有"新都市会客厅"之称的成都宽窄巷子,古色古香的老街迷倒了各地游客,三大炮、糖油果子、担担面等各种成都名小吃更是让人爱不释手。无论是欣赏美景还是品尝美食,大家都不忘拿起手机记录下精彩的一瞬,走得累了,便会坐下来拿出手机开始分享。"这里有WIFI,速度还挺快!"一些游客欣喜地发现了宽窄巷子为游客提供的无线上网服务。目前,四川不少景区都已经覆盖免费的无线上网信号,这不仅让游客们更加随意地分享着旅游的乐趣,也成为景区二次营销的一大利器。

由于游客量骤增,有的景区为了避免拥堵,也开始采用微博微信等方式向游客发送相关信息。九寨沟、黄龙、稻城亚丁等景区因为处在山区,如果游客驾车抵达才发现景区承载不了,很难再走回头路。为此,这些景区从9月上旬就开始通过网站、微博、微信等方式反复发出提示信息,引导大家理性出游。在互联网技术飞速发展的今天,出行前关注一下目的地景区的微博或微信几乎已成常态,转发和扩散也非常迅速。正因为这样,这些措施为景区管控客流、维护旅游秩序起到了重要作用。

通过自媒体终端,游客能够享受到的还有交通、气象、酒店预订、旅游攻略甚至导游资质查询等多项智慧旅游服务。而他们看不到的,则是智慧旅游管理系统的保驾护航。

走进四川省旅游应急指挥中心所在的旅游局大楼701,清晰的LED电视墙立即占满了整个视野,四川省旅游局的值班人员随时密切关注着全省旅游市场的变化。该系统通过对接交通部门的数据,可以实时查询每一辆具备资质的旅游大巴的情况,细化到其车牌号码、所有人、当前所在位置甚至行驶速度等,方便掌握每一个旅游团队在四川的运行情况;通过与气象部门的数据对接,全省各地、各景区当前和未来数天内的天气情况一目了然,能通过媒体平台及时发布;通过与各主要景区门禁系统的对接,景区内的游客量每小时在大屏幕上更新一次,让值班人员一目了然;遍布全省各主要景区的高清摄像头多达上千个,各景点的情况被实时呈现在大屏幕上,一旦发生特殊情况,指挥中心将在第一时间与景区沟通;区域自驾车流量统计精确到了个位,不仅能显示进入某个市(州)的自驾车流量,还能显示其向区、县的分流情况,为旅游目的地管理部门预测游客量提供着有力指导……

这个长假,“智慧”正在让四川旅游更加温馨美好、畅通有序、管理高效。

资料来源:白骅.四川:“智慧”成亮点旅游更便捷[N].中国旅游报,2014-10-03.

案例3:黄果树景区人性化服务让游客满意而归

“十一”黄金周,黄果树景区游客量同比猛增,连续几日游客量超过10万人次。为应对猛增的游客及自驾车,黄果树景区全力以赴做好游客接待服务。

景区负责人介绍,今年自进入雨季以来,安顺市境内雨水充沛,10月,黄果树大瀑布水量保持在大约每秒15吨左右,是近10年来“十一”黄金周瀑布水量最大的一次。

为做好黄金周接待服务工作,景区先后共投入1500多万元,作为景区停车场、游道、游客候车秩序栏、休息亭、厕所等配套设施的建设。景区现有5个停车场,4300多个车位,每个停车场都配备了游客候车秩序栏、休息亭、移动厕所、景区门票及观光车售票点等。此外景区为确保运力,出资2000多万元新增了25台豪华型观光车,租用60台豪华大巴车作为景区环保观光车,现景区环保观光车总量达120台。

2012年以来黄果树景区接待能力迅速提升,相继开业了屯堡酒店主题文化园、安都宾馆以及多家民俗酒店,目前景区内的床位已经超过2000个。其中屯堡酒店主题文化园就有400多个床位,一定程度上缓解了以往景区订房难的问题。

黄金周期间,黄果树旅游集团公司增开售票窗口,并将团队与散客售票点分开,缩短游客购票等待的时间,景区内设立工商、旅游游客投诉点,咨询服务点,微笑小屋等。景区还在高速公路出站口,为游客发放温馨提示卡,提示游客自己所在的位置、景区游览线路、与周边景区的距离与线路等。在黄金周的接待中,景区采取了合理分流游客的措施,让游客安全舒适地完成旅程。

黄金周期间,乘坐景区观光车的游客每人还领到一瓶胶原蛋白饮料,体现了景区人性化的服务,更让游客得到了实实在在的实惠。

资料来源:古尚台.黄果树景区人性化服务让游客满意而归[N].贵州日报,2012-10-08.

技能训练

任务1:以5人为一个小组,阅读案例1~3,并结合知识讲解的内容讨论这三则案例分别体现出了旅游景区的哪些发展趋势。

任务2:阅读案例2,以小组为单位分析案例中四川的景区在哪些方面体现出了“智慧化”(落实为文字,要求条理清晰,每一个方面用数字编号);并讨论景区还可以推出哪些服务和管理措施让游客感受到景区的"智慧"(要求:提出具体措施,不少于三条,并对提出的措施作出解释)。

　　时间:45分钟

　　知识链接:智慧旅游,也被称为智能旅游,就是利用云计算、物联网等新技术,通过互联网/移动互联网,借助便携的终端上网设备,主动感知旅游资源、旅游经济、旅游活动、旅游者等方面的信息,及时发布,让人们能够及时了解这些信息,及时安排和调整工作与旅游计划,从而达到对各类旅游信息的智能感知、方便利用的效果。图1-2为智慧旅游示意图。

图1-2　智慧旅游示意图

课外活动

　　每位同学在课下利用网络资源和报刊、书籍收集材料,完成一篇《我眼中10年后的景区》的作业。要求:内容必须原创,不能大篇幅抄袭,不少于1000字。

项目二　旅游景区的区位选择与布局分区

项目目标

技能点：

熟悉旅游景区规划的相关国家标准；能从规划角度对景区的区位选择、景区的分区、交通线路布局提出合理化建议；具备团队协作、对事物进行观察和思考的能力；具备战略分析、统筹协调、文案撰写的能力。

知识点：

了解影响景区选址和空间布局的主要因素；掌握旅游景区区位选择、功能分区、交通配置及线路布局的原理和方法。

验收点：

经过此项目的学习，学生能合理利用国家关于旅游景区规划的相关国家标准，能从规划角度对景区的区位选择、功能分区、游览线路设计提出合理建议。具有良好的心态，能适应高强度的工作；善于学习，对于不懂的问题能主动钻研；工作勤奋、踏实、吃苦耐劳。

任务一　景区的区位选择

热身活动

张明由于实习表现优异被实习景区的总部抽调到了新景区的筹备处，面临的第一个任务就是新景区的选址问题，景区在选址时要遵循哪些原则？不同类型的景区在选址时又有什么不同的要求呢？

知识讲解

一、区位选择的方法理论

旅游景区区位选择的主要理论来源是地理学中的区位论，区位论主要是研究和探讨地理空间对各种经济活动分布和区位的影响。对旅游景区区位选择产生积极意义的法则有：

1.距离衰减法则

该法则来源于物理学上牛顿的万有引力公式，认为地理各要素之间是相互作用的，但这种作用力最大的特点就是随着距离的增长而出现反向的运动，即距离越大，吸引力越小。纵观旅游景区的吸引范围，也表现出这样一种倾向，即随着旅游目的地和客源市场之间的距离拉大，接待的游客数量随之逐渐变少。

2.加权平分法

它是对多个可行性的区位选择方案，根据一定的评价指标由专家进行打分，经过核加总分,比较各参与选择区位的总分值,得分最高者成为最佳区位选择。选用此种方法的评价指标主要有资源条件、交通条件、市场规模、气候条件、水源及排水、能源供给、环境保护、劳动力来源、安全环境、扩展余地等,在评价过程中各指标的权重有别。

3.格伦顾客行为法

格伦和 N.J.格伦(Gruen)在 1966 年建立了一个"行为"方法,通过对典型消费者进行调查,确定消费者人数,估算出可能的消费量,从而确定市场潜力,通过比较选择最佳区位。

二、区位选择的影响因素

1.资源条件

景区中旅游资源条件主要包括自然类型和人文类型,它们的丰厚度、集聚度和品位档次是构成旅游景区吸引力的重要条件。是否具备得天独厚的资源条件,不仅是旅游者在选择旅游目的地时所关注的,而且也是旅游景区经营与管理者在区位选择时重点考虑的因素,因为具备富有特色的资源条件才会更加容易形成旅游者前往该景区旅游的行为,从而带动景区的发展。

2.经济特征

经济特征包括收入、消费习性、区域经济状况和企业关系。区域经济状况通常会影响土地、资金、劳动力的可获得性及成本。企业关系涉及同行业的竞争和其他行业的竞争,前者主要争夺客源,后者主要争夺资源。

3.交通格局

旅游景区的交通格局可以从航空、铁路、公路和水上交通四个大的方面去考察,交通影响可进入性,而可进入性是衡量景区交通条件的基本标准。景区的可进入性,是指景区与外界联系的交通设施,我们通常说某景区可进入强,就是表明该景区能够为游客提供方便、快捷、安全的进入和离开的交通条件。

4.社会要素

影响旅游景区的社会要素,一是景区客源地的社会人口特征,二是社区环境。社区对旅游的重视程度也影响旅游景区的发展,社区支持或敌视旅游业经常影响旅游景区的游客经历、基础设施建设等。

5.城镇依托关系

景区与城镇的依托关系主要是指两者之间的距离和依托城镇的重要性,距离越近,对景区的发展也就更为有利。

三、旅游景区区位选择实践

对于以自然景观为主的旅游景区的区位选择以资源指向为主,即区位接近资源地。而以人造景观为主的旅游景区的区位选择以市场为导向,即期望接近市场。

我国选择国家级旅游度假区的标准是旅游度假资源丰富、对外交通便捷、国际旅游比较发达、对外工作基础较好的地区。

案例参考

案例1:加拿大国家公园选择的五个步骤

加拿大国家公园的选择需要五个步骤:鉴别典型的自然区;挑选潜在的国家公园;评价国家公园的可能性;谈判磋商新公园协议;立法建立新的国家公园。选择的因素主要包括:自然区域代表性的质量、独特的自然特征、文化遗产特征、地方政府原先的计划、户外游憩机会、可进入性、教育价值、不相容的土地利用、对环境的潜在威胁、地方的支持等。建立国家公园可能会受到抵制，比如，地方不愿意由政府保护荒野区；不愿意将土地交给联邦政府，让联邦独家专门管理；土地已经被规划为其他用途，土地所有权存在争议或当地土著有特别的土地权利要求。

案例 2：深圳造价近 4800 万景观工程因选址不当停工

由 12 个主题公园组成、绵延 15 公里长的深圳湾公园被誉为"体现深圳生态与人文相融合的城市文化名片"。然而，公园南端、通往香港的深圳湾大桥两侧，数十根庞大的水泥柱孤零零地矗立在海水中，不但与周围公园秀丽的风景格格不入，也让到这里骑单车休闲的市民颇感不便。

这里是正在建设的深圳湾滨海休闲带南、北观景栈桥工程工地，岸边的施工场地已被简易围墙拦了起来。根据规划方案，两座观景栈桥设计为弧形，从岸边深入海面 250 米，呈环抱深圳湾大桥之势。完工后，栈桥只高出海面 1 米左右。这个景观工程的建设让喜欢近海亲水的深圳市民充满了期待。挂在围墙上的工程概况表显示，工程的开工日期是 2011 年 12 月 5 日，竣工日期是 2012 年 12 月 4 日，工程总造价 4799.24 万元。

然而，经常来此休闲的市民发现，早在 2012 年的七八月，工地就开始处于停工状态。如今更早已过了公示的竣工期，施工现场仍然只有光秃秃的水泥桩。有市民质疑，这个景观工程是不是已经成了"烂尾工程"。

该工程建设单位为深圳市建筑工务署下属的深圳市土地投资开发中心。对于市民的质疑，该中心给出的解释是，观景栈桥在施工过程中，由于深圳湾公路大桥两侧各 200 米范围内"新增为严禁施工区"，因此，桥址需要重新调整。

《中华人民共和国公路法》第 47 条规定："在大中型公路桥梁和渡口周围 200 米、公路隧道上方和洞口外 100 米范围内，以及在公路两侧一定距离内，不得挖沙、采石、取土、倾倒废弃物，不得进行爆破作业及其他危及公路、公路桥梁、公路隧道、公路渡口安全的活动。在前款范围内因抢险、防汛需要修筑堤坝、压缩或者拓宽河床的，应当事先报经省、自治区、直辖市人民政府交通主管部门会同水行政主管部门批准，并采取有效的保护有关公路、公路桥梁、公路隧道、公路渡口安全的措施。"

深圳湾大桥则是"目前国内最宽、标准最高的双向 6 车道跨海公路大桥"，自然属于该法条约束的范围。

因此，建设单位所谓"新增为严禁施工区"一说并没有得到市民的认可。一些市民指出，深圳湾公路大桥开工于 2003 年 8 月、竣工于 2007 年 1 月 1 日，其周围 200 米范围内早就属于"严禁施工区域"。既然国家法律在先，这项观海桥工程规划设计在后，为何规划设计会出现这种低级的错误？重新改址设计建设，这中间又要枉花多少资金？

资料来源：武欣中.深圳造价近 4800 万的景观工程因何停工[N].中国青年报，2013-01-17(05).

Z 技能训练

以 5 人为一个小组，阅读案例 1 和案例 2，参考区位选择的影响因素的相关知识，各小组筹建一个新的景区（类型自选）并为其选址。

任务具体要求：

(1)确定景区的类型和主要的旅游景观和吸引物。

(2)确定景区的名称。

(3)确定景区选址的具体地点,要求定位在地图上。

(4)说明选址在此地的理由。

时间:45分钟

课外活动

课下利用网络资源调研任意两个景区的区位信息,分析并比较这两个景区选址的优势和劣势,总结成调查报告,一周后上交。

任务二 景区功能分区的实施

热身活动

成功的选址是景区建设的基础,景区良好的运营管理还需要科学的功能分区,在新景区张明接到的第二个任务就是参与景区功能分区的设计,景区都需要哪些功能分区来满足游客的需求呢?

知识讲解

旅游的功能分区(functional zoning)是依据旅游开发地的资源分布、土地利用、项目设计等状况而对区域空间进行系统划分的过程,是对旅游地经济要素的统筹安排和布置。

一、旅游景区的布局

旅游景区的布局就是对景区中众多景观资源要素和服务设施等要素进行空间上的整合。旅游景区的布局是从区位选择入手,在社会、经济和环境承载力等的约束下,寻求旅游景观、旅游设施和旅游服务在空间上的最优配置。

(一)景区布局的原则

1.科学性原则

首先在布局中紧紧围绕满足人的需求这个核心,让景区布局真正达到创造符合人们生活环境的高度,使人们从景区旅游活动的参与中得到某种身心益处。同时,旅游景区布局应满足美学上的需求,布局中利用形状、线条、质感、色彩效应等创造一种实质的经历,另外保证技术可行,管理方便,经济实惠。

2.整体性原则

要合理划分和利用地域空间,合理组织安排各功能系统,使各功能区域合理衔接,相互促进,构成一个有机整体,因地制宜地满足旅游区多功能需要。

3.弹性原则

要方便经营管理,注重长远考虑,留有发展余地。

4.保护性原则

在保护的基础上加以布局,使景区的布局能够促进自然生态与人文环境的协调发展。

(二)景区布局的任务

旅游景区的根本任务是实现景区空间环境上的统一、完善,综合效益上的最佳、优化效能,社会生活上协调共享。

(1)为人们提供一个舒适、方便、卫生、高效、优美的空间环境,为游客创造一种特殊的经历。

(2)为旅游景区建立一种有机的秩序,包括物质秩序与社会秩序。

(3)立足现实并富有想象力。建立适合当地风格的旅游体验,适时考虑游客越来越多明显的个性化需求。

(4)综合平衡各方的利益与需求。

(三)几种典型的布局实践

对于一个完整的旅游景区,其布局模式虽然多种多样,但其基本要素相似。纵观旅游景区的布局实践,大体有以下几种比较典型的布局形式:

1.一线式布局

一线式布局适用于旅游资源和服务设施主要沿着交通线分布的情况,交通线有时是公路,有时是水路,甚至有时交通线路本身也是组成游览的一个重要内容。如图2-1所示。

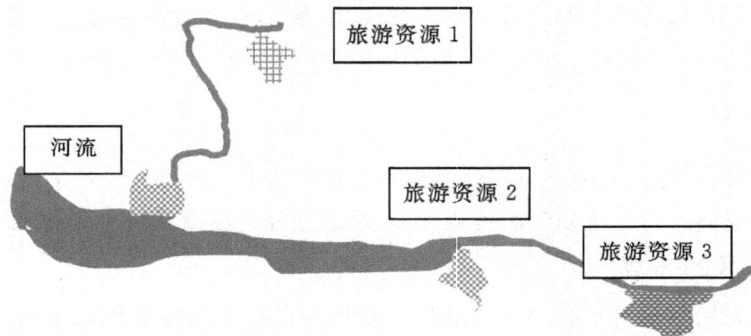

图2-1 一线式布局示意图

2.环核式布局模式

这种布局模式适应于以下两种情况:

第一种是服务的集聚度,基础设施与服务设施主要集中在某一个中心区域上,而旅游资源则围绕在这一中心区域布局。

第二种是资源的集聚度,比如在许多景区内,存在着旅游资源不均衡的现象,其中有一个核心景区,聚集了大量高品位的旅游资源,而为此服务的基础设施及服务设施也主要在这里进行布置,周边的旅游资源则构成辅助性的吸引物。

环核式布局示意图如图2-2所示。

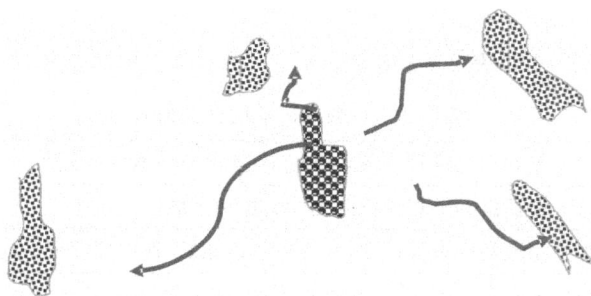

图 2-2　环核式布局示意图

3.组合式布局

组合式布局适用于几个处于同等地位,但在地域范围和功能上不能相互重合的资源。

二、旅游景区功能分区

(一)旅游景区功能分区的原则

旅游景区的功能分区是为了找到该景区的资源优势,确定其市场定位与发展战略,利于景区内部的经营,也利于景区的管理。

旅游景区的功能分区主要遵循以下原则:

(1)地貌景观与文化景观连续性原则。

(2)行政区划原则。

(3)内部功能的一致性原则。

(4)交通便捷性原则。

(5)管理方便性原则。

旅游景区功能分区的多少和每个区域面积的大小往往依据旅游景区的具体情况而定,理想的分区应以总体规划规定的功能作为依据。通常情况,大的规划区域一般按照景观的类似性与地域的连续性进行分区,小的规划区域一般按照景区功能要求的不同进行分区。

(二)功能区的种类

1.自然保护区

自然资源为主的景区常常采用三区结构形式,三区结构即按照资源的集中、典型程度把景区分为保护区、缓冲区和密集区,如表 2-1 所示。

表 2-1　三区结构形式

保护区	缓冲区	密集区
是旅游景区系统结构的核心,是受绝对保护的地区,一般都位于本地自然系统最完整、野生动植物资源最集中、具有特殊保护意义的地区	是保护区和密集区之间的过渡地带。该区域只允许进行科研活动和少量有限的旅游活动,要控制游客数量和旅游活动类型,只允许不对环境造成破坏的交通工具进入。该区可以起到生态建设、过渡保护、教学科研等作用	是游客在旅游景区内的主要活动场所,是以自然资源为主的功能区中旅游接待设施最密集、人口活动量最大的区域,是旅游设施和旅游项目的主要分布区

2.风景名胜区

风景名胜区的分区形式如表2-2所示。

表2-2　风景名胜区的分区形式

参观游览区	由自然风景和人文风景组成,常以景点和景点游线的形式表现
缓冲科考区	位于核心保护区和参观游览区之间的保护区域
核心保护区	为了维护当地的生态而设立,常为植被最原始、地理环境复杂区域
旅游镇	为保护风景名胜区的环境,常将餐饮点、管理点、游乐中心集中布局,这也是当地人集聚的地方
服务管理区	可以分为旅游服务中心、游客集散地和行政管理区
居民原生活区	一般风景名胜区范围较大,可以让部分原住居民继续生活

3.森林公园

森林公园的分区形式如表2-3所示。

表2-3　森林公园的分区形式

游览区和游乐区	由特色群落、古树名木、自然山水组成,是森林公园的主体
野营野餐区	这一区域应以餐饮点、管理点、游乐中心为核心成环线分布
服务管理区	可以分为旅游服务中心、游客集散地和行政管理区
林业及旅游商品生产区	主要有木材加工、花卉植物种植、特色商品加工等
生态保护区	相当于自然保护区的缓冲区
居民保护区	为了维护原始风貌,有可能保护原土居民的生活环境不受打扰,另外,林业工人和从业人员也可能住在里面

4.度假区

度假区的分区形式如表2-4所示。

表2-4　度假区的分区形式

旅游中心区	度假休闲区	森林登山区	水上游乐区	风俗体验区	其他
由大门接待区、中心商业区、旅游住宿区、娱乐区、公共开放空间、绿色空间等组成	可安排度假住宅、小型度假村、会议休闲中心、高尔夫球场等项目	一般保持原貌,丰富植被种类,可开展登山游道、攀岩、越野、野战、狩猎等项目	可开展公共沙滩、垂钓、水口养殖、水上娱乐等项目	开发保护当地的风土人情、历史建筑、特色餐饮、民俗街区等	可能有环境保护区等其他因地制宜的功能区

5.历史文化旅游区

历史文化旅游区的分区形式如表2-5所示。

表 2-5 历史文化旅游区的分区形式

绝对保护区	重点保护区	一般保护区
是级别最高的保护等级,如文物古迹、古建筑、古园林等的所在地,由保护单位全面负责,所有建筑物和环境都要严格认真保护,不得擅自更动原有状态、面貌及环境	是绝对保护区外的一道保护范围界限,它不仅能确保不受到物质破坏,周边的历史环境也要得到有效的控制。在重点保护区内的各种建筑物和设施都要符合城建和文物单位的审核批准	又称环境协调区,是在重点保护区外再划的保护界限,这个区域内的建筑和设施要成为景观的过渡,以较好地保护环境风貌

6.各类公园

各类公园的分区形式如表 2-6 所示。

表 2-6 各类公园的分区形式

主题公园	这里主要指大型主题公园,除了服务区外,各个主题公园根据自己的主题划分功能区,如世界之窗就可以把整个公园划分为欧洲区、非洲区、亚太区、美洲区、国际街等旅游功能区,每个区域自成一个体系,又很好地契合了"世界"这个主题;有些主题公园根据娱乐项目场地划分为舞台区、广场区、村寨区、街头区、流动区及其他等
休闲公园	休闲公园又可以称为市政公园,强调为当地市民服务。一般可分为公共设施区、文化教育设施区、体育活动设施区、儿童活动区、安静休息区、老年活动区、花园区、野餐区、经营管理设施区等
盆景园	盆景园的功能分区按照盆景的分类一般分为树木盆景区、山水盆景区、树石盆景区、花草盆景区、工艺盆景区及特展区。也有按照游览顺序分为序区、室内区、室外区等
植物园	植物园是以展示植物或标本和进行科研为主的城市公园。除服务区外,一般有展览区、研究实验区、图书区、标本区和生活区等
动物园	动物园是以展出野生动物、濒危动物及宣传动物科学、引导人们热爱动物的场所,包括综合性动物园、水族馆、专类性动物园、野生动物园等。一般大型动物园都有科普区、动物展区、服务休息区和办公管理区等。科普区往往包括标本室、化验室、研究室、宣传室、阅览室、录像放映厅等。动物展区除了传统的按地貌、气候、分布设置各动物的展区外,新鲜的展区还有乘车参观散养的野生动物
纪念园	纪念园是为纪念历史名人活动过的地区或烈士就义地、墓地建设的具有一定纪念意义的公园,有烈士陵园、纪念园林、墓园等。一般都有陵墓区、展馆区和风景游憩区
湿地公园	湿地公园是指纳入城市绿地系统、具有湿地生态功能和典型特征的以生态保护、科普休闲为主的公园。一般包括重点保护区、湿地展示区、游览活动区和服务管理区

三、旅游景区功能分区的简要流程

(1)熟悉本旅游区土地利用类型。

(2)调查拟开发旅游区的自然旅游资源。

(3)调查拟开发旅游区的人文旅游资源。

(4)确定主要开发区域和缓冲保护区域。

(5)分析拟主要开发区域是否具有合适的地质条件。

(6)根据各类旅游资源的集聚、性质、功能和可进入性进行空间划分。

(7)确定功能区主题和名称。

(8)检查各功能区间的联动性和互补性。

案例参考

案例1:八台山地质公园资源特征功能分区

最早的分区模式是1973年由美国景观建筑师理查德·福斯特(Richard Foster)提出的同心圆模式,即将国家公园从里往外划分为三个区域:核心保护区、游憩缓冲区、密集游憩区,该模式得到了世界自然保护联盟(ICUN)的认可。通过功能分区能使旅游资源得到优化利用,并有利于保护典型而有示范性的自然综合体。在对八台山地质公园实地调查以及资源现状分析的基础上,遵循旅游区划"突出主题形象,保护第一"的原则,将八台山地质公园界限内的地区划分为以下四个功能区:

1.科普教育区

地质公园本身就是一个内容丰富、景象万千的自然博物馆,是进行地质科普教育的基地。为了让游人在较短的时间了解地质公园内的概况和全貌,提高他们的科普知识,有必要建立地质博物馆宣传科学知识。作为地质公园中的一部分,建设好地质博物馆,可以更好地从浓缩于一室的矿物、地貌实物、图片、多媒体光盘等多角度反映出八台山区域在数十亿年的地球历史长河中的变迁,使每个来参观的游客尤其是青少年朋友都能在观赏与参与中,体会到地球科学的精华教育,并受到科学精神的熏陶。

2.生产生活服务区

该区为八台山地质公园内居民居住、民用耕地、畜牧放牧相对较多且集中的地区,以及人类活动较多、干扰较大的区域。该区面积约22.78平方千米,各生活服务区分布较为分散,有利于游客餐饮住宿以及娱乐的需要。该区域内允许改变原有土地利用方式与形式,种植各种蔬菜、瓜果,实现林果产品的适量交易,出售当地手工艺品。以农民作为经营主体,以农业文化景观、农业生态环境、农时生产活动、农民日常生活与环境以及农村民俗风情为资源,融观赏、参与、休闲、度假为一体。

3.自然保护区

该区资源类型多样,海拔较高,森林覆盖率高,是各种珍稀动植物较集中的区域,生物多样性丰富,峡谷、瀑布、岩溶地貌显著,地质遗迹资源美学价值很高。自然保护面积约26.8平方千米,是为保护地质遗迹以及维持公园生态环境的功能区。

4.游览观光区

游览观光区面积约81.15平方千米,是游人较为集中活动的区域。该区允许适当开发新的项目,但应当注意与周围景观相协调,避免对自然景观造成破坏。游览观光区包括:①风景观光区:包括地质遗迹观光,如分布面积较广的峰丛峰林、岩溶地貌和气象景观观光,如八台山日出、八台山云海、花萼烟雨等。②生态农业观光区:该区地势低平,土壤肥沃,适于发展蔬菜等绿色农业以及当地的土特产品。生态农业观光区是将生态农业与旅游业相结合,既推动当地农业发展,又能供游人欣赏田园风光以及品尝当地美味佳肴。

八台山地质公园具体的功能分区图如图2-3所示。

资料来源:刘斌,李铁松,草发超,王兴桂.八台山地质公园资源特征、功能分区及旅游线路设计[C]//中国可持续发展研究会2006学术年会青年学者论坛专辑,2006.

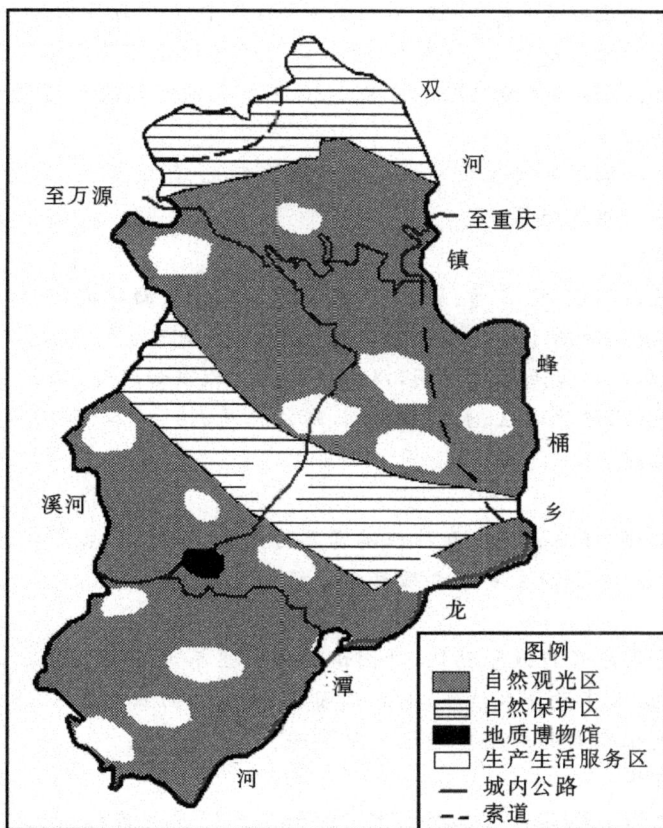

图 2-3 八台山地质公园功能分区图

案例 2:音河湖风景区功能分区

1. 音河湖风景区概况

音河湖风景区位于黑龙江省齐齐哈尔市北,大兴安岭南麓,嫩江右岸支流音河中游。其前身音河水库是黑龙江省大型水库中的重点水库,属于国家大型水库中的四等。水库始建于1958年,建有20米高1715米长的拦洪大坝和高4.2米长445米的付坝工程,控制流域面积1660平方公里,是一座防洪、灌溉、养鱼、发电和旅游等综合利用的水库。

2. 音河湖风景区旅游资源概况

依据《黑龙江省旅游资源研究》中的分类体系,综合分析音河湖现状旅游资源,经过研究统计,音河湖风景区旅游资源有三大类:第一,水域风光类:音河水库;第二,古迹与建筑类:坝址、金代东北路界壕遗址、民族风情、书画艺术;第三,生物景观类:草原、森林、水稻田、向日葵生产基地。

3. 旅游产品开发方向构思

音河湖风景区的资源特色与区位条件,决定了音河湖风景区旅游产品的开发应以观光、度假旅游产品为主。

4. 客源市场分析与预测

(1)客源市场开发现状。

音河湖风景区自建成以来,每年都吸引大批游人,其中以甘南县本地居民为主,其次是齐齐哈尔、昂昂溪、大庆等地的居民。2002 年,游人量已经达到了 6 万人次,但由于基础设施差,多为半日或一日游,没有形成良好的经济效果。2002 年在国家旅游质量等级评定中获得国家旅游 AA 级旅游区的称号。

音河湖风景区现有客源市场主要是以夏季的大众观光、休闲为主,主要集中在 7、8、9 三个月,市场结构比较单一,市场规模小。

(2)客源市场定位。

根据音河湖风景区的区位、交通、历史、旅游资源品位等方面状况,可将音河湖风景区客源市场定位为:以甘南镇及周围 100 公里出游半径范围内的居民为主体客源市场,以齐齐哈尔、大庆、哈尔滨等城市居民为重点客源市场,以省内其他大城市如牡丹江、佳木斯、伊春等城市及国内三大客源产出地(京津唐地区、长江三角洲、珠江三角洲)、日本、韩国为拓展客源市场。

5.规划性质与范围

(1)规划性质。

本旅游区是以水域、湿地、草原、森林旅游资源为依托,以大坝、古长城旅游资源为特色,以避暑、观光、度假、科普、娱乐为主要旅游项目内容的观光生态旅游区。

(2)规划范围。

本旅游区分为音河水库行政管辖区、外围退耕还林区和景观控制区。音河水库行政管辖区东起 301 国道,西至水库设计水位线,南北与坝址平行,总面积约为 37 平方公里。景观控制区和退耕还林区分别位于它的周围延伸数公里不等。

6.风景区功能分区

根据对音河湖旅游资源的评价、分析、市场评估与规划发展目标,旅游区形成五区一带的空间格局,即旅游度假区,游湖观光区,湿地、草原风光区,森林生态区,历史古迹游览区,湖滨游览带。其中以旅游度假区为整个旅游区的重点建设区。

(1)旅游度假区。

本区为音河湖管理处最大的陆域面积,约 5.7 平方公里,是音河湖风景区的核心部分,规划将其发展成为旅游度假区的形式,建有各种观光、休闲、度假、服务设施,集中体现整个旅游区的度假功能。

(2)游湖观光区。

此区为音河湖常水位线以内的范围,面积为 9.35 平方公里,本区主要结合码头、游船开展水上游览观光项目。

(3)湿地、草原风光区。

本区位于音河湖常水位线以上,设计最高洪水位线以下的范围内,面积为 20 平方公里。此区由于经年的水位涨落,时为水域、时为湿地、时为草原,是一个水域和陆域的过渡地带,不具有开发建设的条件,只能开展观光、放牧、观鸟等旅游活动。

(4)森林生态区。

此区位于音河水库行政界线以外,延伸至数公里不等,主要为恢复库区周围的山林景观。同时迁移此区内的全部村庄,面积约为 35 平方公里。

(5)历史古迹游览区。

此区即为金代东北路界壕遗址及其周围数百米范围内,呈条形带状分布,长度约为 10 千米。

此区以保护为主,在与湖交接的区段上规划复原700~1000米长的古长城,营造历史文化景观。

(6)湖滨游览带。

本区位于游船观光区,湿地、草原风光区与退耕还林区之间。此区主要结合游览道路进行观光游览,在适当位置结合村落设置小型服务站,长度为20千米。

资料来源:黑龙江省城市规划勘测设计研究院.音河湖风景区旅游总体规划(2003—2020)[EB/OL].http://www.lvyou-baishitong.com/zyxz_show.asp? new-id=2207.

技能训练

以5人为一个小组,阅读案例1和案列2,参考景区功能分区的相关知识,各小组讨论为任务一中筹建的新景区绘制一份景区功能分区示意图。

任务具体要求:

在进行景区分区时需考虑以下问题:

(1)什么是功能分区? 一个旅游景区需要有哪些功能区?

(2)小组成立的景区属于哪种类型? 这种类型的旅游景区在功能分区上有什么要求?

(3)一个旅游景区要实现合理的功能分区,主要受哪些因素影响? 如何影响?

(4)要实现对旅游景区的功能分区,需要做哪些基础工作?

(5)参考案例1中的示意图,为本小组开发的景区绘制景区功能分区示意图(要求能体现景区区位、边界、功能分区名称、图例)。

时间:60分钟

课外活动

各小组可由教师选择某一景区,也可自主选择某一景区前去调研,考察该景区的功能区划分情况,重点区域、标志可拍照留档,回来后绘制出该景区的功能分区示意图,并与课上绘制的示意图进行比较,找出不同,并将结果制作成PPT,一周后在课上展示。

要求:所调研景区应该是处于起步阶段或刚开发的景区,并与小组成立的景区类型相近。

任务三 景区的游览线路设计

热身活动

张明在实习中发现:游客在刚进入景区开始游玩之前通常要寻找该景区的游览线路指示图来指导自己的游览路线,所以科学的游览线路设计、清晰明了的游览线路指示图对于景区来说也是十分重要的工作。你在游览景区时安排过自己的游览线路吗?

知识讲解

旅游区内旅游线路应从景观设计的角度出发,设计突出实体线路,它是在一个固定的地域空间上为方便游客观赏行为而设计的行动路线。

一、旅游景区游览线路设计的模式选择

旅游景区的游览线路包括了某一旅游区内部的游步道和旅游区内部车游等旅游线路。这

些线路应起的作用有：一是分割各景区的景界；二是联系各景点的纽带；三是造园的要素；四是具有导游、组织交通、分划空间截面和构成园景的艺术作用。

和区际旅游线路不同，区内旅游线路主要串联各功能区内的游步道及其道边的服务设施，范围是限定的。旅游景区游览线路设计的模式如表2-7所示。

表2-7 旅游景区游览线路的设计模式

适用情况	适用情况
两点往返式	常用于区内旅游资源集中且只有服务区和游览区简单分区的小型旅游区，如小型文物保护单位
单通道式	常用于呈狭长状态或沿水系、道路分布，前后有出口的旅游区，如长江三峡旅游线
环通道式	常用于有较强游览顺序的旅游区，如专题博物馆
单枢纽式	常用于旅游区内有明显集散中心的旅游区，如韶山风景区游线
多枢纽式	常用于区内有多个吸引力相当的功能区的旅游区，如武陵源
网络分布式	常用于区内交通完善、不需要特别注意游览顺序的旅游区，如各个主题公园的布局线路

二、旅游景区游览线路设计的步骤

旅游景区游览线路设计的步骤如表2-8所示。

表2-8 旅游景区游览线路设计的步骤

前期准备	1.实地考查 2.明确该区内旅游线路的主题和消费对象 3.确定成本因子
选择合适的设计模式	1.明确该旅游区的旅游资源分布、自然地质环境、现有交通状况 2.明确该旅游区的各个功能分区及其方位 3.确定核心区、服务区的位置和数量 4.根据成本、交通条件确定合适的设计模式
布局区内道路网络	1.从集散流动率角度考虑确定区内是否需要通车道及其布局 2.从科学方便角度确定功能区间的分割和连接道路 3.从艺术和美学角度设计各功能区内部景点间的二级游道 4.从视线角度设计观赏景点的三级步道和观景台
区内道路网络配套	1.配套道路景观，如艺术路灯、篱笆、树木、小品、座椅等 2.配套区内道路服务设施，如导引牌、住宿、餐饮、购物、娱乐、旅游厕所等
设计主推旅游游览线	1.选择各功能分区的参观方式和路线 2.明确所选择的参观方式和路线游玩各个功能分区的时间分配 3.根据功能分区方位、各功能区的游览时间选择合理游览顺序 4.合理安排各功能分区内最佳观赏点 5.合理安排旅游区内部转换节点 6.合理安排住宿点、餐饮点、购物点和娱乐点，不同的销售对象对接待设施有不同的要求

投入修改	1. 审视路线是否合理 2. 小规模投入实践,确定是否符合市场需求 3. 反馈及修改 4. 最终确定旅游路线的名称,开始销售

三、设计要点

(1)车游道景观化、便利化。

(2)游步道自然、多变。

(3)各功能区组景主题鲜明。

(4)各功能区之间线路景观有渐进和变化感。

(5)合理安排最佳观赏点。

(6)景观提示。

(7)注意凸显时空艺术感。

(8)规模适度。

案例参考

案例 1:八台山地质公园游览线路设计

从理论上讲,旅游资源类型组合结构中的各种不同类型都可组成具有相应功能的旅游路线,将八台山公园内的旅游资源的各种类型进一步合并、归纳,形成以下几种功能型旅游线路:

1. **科考型旅游线路**

(1)八台乡服务区—燕子湾—独秀峰—八台山顶—一碗水—天池坝—八台山服务区。

(2)八台乡服务区—天池坝村—棋盘山—铜铃冠村—地质博物馆—潭子洞—下崩口—旧院—八台乡服务区。

(3)八台乡服务区—抠壁子河—万树坪—八台山。

该线路所经过区域为八台山地质公园旅游开发地经典区域,具有众多典型的岩溶地貌景观,类型丰富,组合奇特。既有导向性地质遗迹景观,如棋盘山溶蚀洼地、地质水体抠壁子河、山岳峡谷景观八台山断层等,又有配套性地质遗迹景观,如漏斗、瀑布等;既有典型完整的构造遗迹景观,又有优美秀丽的自然景观。总之既可开展特色的专题旅游,又可开展适应性广的大众旅游。该线开发的核心项目为主要地质遗迹观光、地质博物馆。

2. **生态型旅游线路**

八台乡服务区—黄溪河—大论坎生态小区—旧院—龙潭河度假村—旧院—八台乡。

该线路经过区域地势低平,农田分布较为集中,水体景观丰富,区域内的龙潭河风景区水质清澈,景色优美,已成功开发出"大巴山第一漂"活动,并且有一定的知名度。该地的旧院黑鸡、大岩豆、九月香等土特产久享盛名。该区建立以农民经营为主体的生态农业观光区,把旅游和乡村紧密结合,可满足游客既能体验农家生活,又能欣赏乡村田园风光的要求。该线开发的核心项目有:龙潭河漂流、游艇观光、生态农业观光、大巴山民俗风情观光。

3. **探险旅游型旅游线路**

(1)白家坝服务区—龙潭河—石桥村—铜铃冠村—棋盘山峰丛—八台山断层陡崖—抠壁子河—八台乡服务区。

(2)八台山服务区—抠壁子河—鸡冠寨村—八台山主峰—上崩口—旧院—八台山服务区。

该线路涉及的区域地势较陡,靠近主要地质旅游景点,线路设计改变了传统旅游在旅游活动中处于被动状态的做法,而且游客可以根据自己爱好对线路自由选择,增强了旅游活动的参与性、趣味性与灵活性。对该线路要配备必要的旅游道路(专用游览道、栈道、台阶)或采用特殊交通(如骑马、骆驼、抬轿),开发的核心项目为攀岩、野营、热气球观光、原始森林探险。

资料来源:刘斌,李铁松,草发超,王兴桂.八台山地质公园资源特征、功能分区及旅游线路设计[C]//中国可持续发展研究会2006学术年会青年学者论坛专辑,2006.

案例2:枫林谷景区游览线路图

枫林谷景区游览线路如图2-4所示。

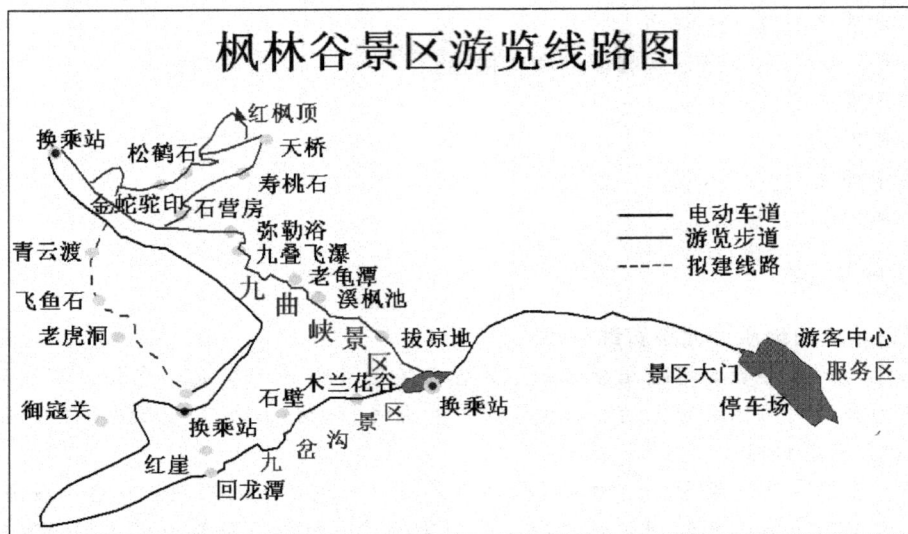

图2-4 枫林谷景区游览线路图

技能训练

以5人为一个小组,阅读案例1和案例2,参考景区游览线路设计的理论知识,各小组结合任务二提出的景区功能分区工作方案,绘制本小组开发景区的游览线路示意图。

任务具体要求:

游览线路示意图应能体现:

(1)景区名称。

(2)景区大门的位置。

(3)景区主要景观的名称及分布位置。

(4)景区游览线路的走向。

(5)图例说明。

时间:60分钟

课外活动

课下从网上收集至少五个景区的游览线路图的图片,并进行对比分析,分析各自的优点及缺点,并写成分析报告,一周后上交。

项目三　旅游景区市场营销

项目目标

技能点：

能为景区设计有针对性的市场调查问卷，能为景区进行市场细分和目标市场的选择，能为景区进行形象的策划和设计，能为景区节庆活动和公关活动的开展提出合理化建议；具备准确的文字表达能力和文案策划能力以及敏锐的市场嗅觉和创新意识。

知识点：

了解景区营销的含义；熟悉景区营销组合的内容和策划的原则和方法；掌握景区营销目标市场的确定方法；掌握景区形象定位和策划以及设计景区市场营销组合策略的基本方法。

验收点：

通过此项目的学习，学生能够为景区设计调查问卷并进行市场调查；能够运用 4PS 模式，设计景区营销组合策略；能够为景区的营销活动和形象树立进行文案策划。体会到社会调查研究、收集数据的艰辛与喜悦；体验实事求是、严谨调研、客观分析、大胆预测等工作态度的重要性，从而逐渐养成良好的工作态度和习惯。

任务一　进行景区市场调研

热身活动

调查问卷是获得消费者个人信息和消费意愿十分有效的一种方式，你在生活中有没有填写过调查问卷？调查问卷应该包括几个部分？

知识讲解

一、问卷设计的原则

问卷的设计应遵循以下几个基本原则：

（1）有明确的主题。根据调查主题，从实际出发拟题，问题目的明确，重点突出，没有可有可无的问题。

（2）结构合理、逻辑性强。问题的排列应有一定的逻辑顺序，符合应答者的思维程序。一般是先易后难、先简后繁、先具体后抽象。

（3）通俗易懂。问卷应使应答者一目了然，并愿意如实回答。问卷中语气要亲切，符合应答者的理解能力和认识能力，避免使用专业术语。对敏感性问题采取一定的技巧，使问卷具有合理性和可答性，避免主观性和暗示性，以免答案失真。

（4）控制问卷的长度。回答问卷的时间控制在 20 分钟左右，问卷中既不浪费一个问句，也不遗漏一个问句。

(5)便于资料的校验、整理和统计。

二、问卷的基本结构

问卷一般由四部分组成,即:

(1)封面信:一封致被调查者的短信,旨在向被调查者介绍说明调查者身份、目的等内容。

(2)指导语:用来指导被调查者如何正确填答问卷。

(3)问题和答案:主体部分。

(4)其他资料:根据具体情况进行设计,包括问卷编码、编号,发送和回收日期,调查或审核员名字,被调查者住址等。

三、市场调查的主要程序

市场调查通常需要经过以下五个基本步骤:

(1)定义问题,确立目标。

(2)调研设计。

(3)收集数据。

(4)分析数据。

(5)形成结论。

当然,调查程序因事而异,典型的市场营销调查也可将以上几个步骤分成三步进行,即初步调查阶段、正式调查阶段和结果处理阶段。

四、调查报告的撰写

1.调查报告的概念

调查报告是对某项工作、某个事件、某个问题,经过深入细致的调查后,将调查中收集到的材料加以系统整理、分析研究,以书面形式向组织和领导汇报调查情况的一种文书。

2.调查报告的特点

(1)写实性。调查报告是在占有大量现实和历史资料的基础上,用叙述性的语言实事求是地反映某一客观事物。充分了解实情和全面掌握真实可靠的素材是写好调查报告的基础。

(2)针对性。调查报告一般有比较明确的意向,相关的调查取证都是针对和围绕某一综合性或专题性问题展开的。所以,调查报告反映的问题要集中而有深度。

(3)逻辑性。调查报告离不开确凿的事实,但又不是材料的机械堆砌,而是对核实无误的数据和事实进行严密的逻辑论证,探明事物发展变化的原因,预测事物发展变化的趋势,揭示本质性和规律性的东西,得出科学的结论。

3.调查报告的分类

调查报告的种类主要有以下几种:

(1)情况调查报告。它是比较系统地反映本地区、本单位基本情况的一种调查报告。这种调查报告是为了弄清情况,供决策者使用。

(2)典型经验调查报告。它是通过分析典型事例,总结工作中出现的新经验,从而指导和推动某方面工作的一种调查报告。

(3)问题调查报告。它是针对某一方面的问题,进行专项调查,澄清事实真相,判明问题的原因和性质,确定造成的危害,并提出解决问题的途径和建议,为问题的最后处理提供依据,也为其他有关方面提供参考和借鉴的一种调查报告。

4.调查报告的写法

调查报告一般由标题和正文两部分组成。

（1）标题。标题可以有两种写法。一种是规范化的标题格式，即"发文主题"加"文种"，基本格式为"××关于××××的调查报告""关于××××的调查报告""××××调查"等。另一种是自由式标题，包括陈述式、提问式和正副题结合使用三种。陈述式如"燕山大学硕士毕业生就业情况调查"；提问式如"为什么大学毕业生择业倾向沿海和一线城市"；正副标题结合式，正题陈述调查报告的主要结论或提出中心问题，副题标明调查的对象、范围、问题，这实际上类似于"发文主题"加"文种"的规范格式，如"高校发展重在学科建设——××大学学科建设实践思考"等。作为公文，最好用规范化的标题格式或自由式中正副题结合式标题。

（2）正文。正文一般分前言、主体、结尾三部分。

①前言。前言有几种写法：第一种是写明调查的起因或目的、时间和地点、对象或范围、经过与方法以及人员组成等调查本身的情况，从中引出中心问题或基本结论来；第二种是写明调查对象的历史背景、大致发展经过、现实状况、主要成绩、突出问题等基本情况，进而提出中心问题或主要观点来；第三种是开门见山，直接概括出调查的结果，如肯定做法、指出问题、提示影响、说明中心内容等。前言起到画龙点睛的作用，要精练概括，直切主题。

②主体。这是调查报告最主要的部分，这部分详述调查研究的基本情况、做法、经验，以及分析调查研究所得材料中得出的各种具体认识、观点和基本结论。

③结尾。结尾的写法也比较多，可以提出解决问题的方法、对策或下一步改进工作的建议；或总结全文的主要观点，进一步深化主题；或提出问题，引发人们的进一步思考；或展望前景，发出号召。

案例参考

案例1：某景区市场调查问卷问题分布（见表3-1）

表3-1 某景区市场调查问卷问题分布表

问卷部分	问题类型	问题数量
A部分	公关和形象在旅游消费行为中的作用和影响	6
	产品的不同属性在旅游消费行为中的作用和影响	17
B部分	促销方式在旅游消费行为中的作用和影响	8
	价格水平在旅游消费行为中的作用和影响	2
	渠道选择在旅游消费行为中的作用和影响	1
C部分	旅游者的人口统计特征	7
共计		41

案例2：××旅游景区市场调查问卷

尊敬的游客：

您好，欢迎你到××景区游览，请您抽出片刻时间为我们填写此份调查问卷。该问卷作为景区市场分析和营销策略制定的依据使用，您的信息和意见对于本景区的服务质量提高及未来发展至关重要，请您认真填写问卷。感谢您的积极支持和参与！

本次调查严格按照《统计法》要求进行,不用填写姓名,所有调查信息只用于统计分析,您只需根据自己的实际情况,在每个问题的后面选择一个合适的选项。衷心感谢您的支持!

1.您的性别?(　　　　)

A.男　　　　　　　　B.女

2.您的年龄?(　　　　)

A.20 岁以下　　　　B.20—29 岁　　　　C.30—39 岁　　　　D.40 岁以上

3.您来自哪个地区?(　　　　)

A.京津冀地区　　　　B.江浙沪地区　　　　C.黑吉辽地区　　　　D.西北地区

E.西南地区　　　　F.其他_____

4.您从什么渠道了解到本旅游景区的?(　　　　)

A.网络搜索　　　　B.朋友介绍　　　　C.旅游杂志　　　　D.电视广告

E.其他渠道

5.您的出游方式?(　　　　)

A.单位组织　　　　B.个人和亲友结伴　　　　C.由旅行社组织　　　　D.其他

6.您的月均收入是多少?(　　　　)

A.2000 元以下　　　　　　　　　　B.2000—5000 元

C.5000—10000 元　　　　　　　　D.10000 元以上

7.您在本旅游景区中最注重什么?(　　　　)(可多选)

A.景区特色　　　　B.交通条件　　　　C.服务设施

D.价格　　　　E.安全条件

8.您对本景区哪些方面比较满意?(　　　　)(可多选)

A.景区的卫生设施　　　B.景区的特色　　　C.景区门票的价格

D.景区的安全条件　　　E.景区的工作人员

9.您认为本景区需要改进的地方有哪些?(　　　　)(可多选)

A.景区内应配发相应的旅游宣传小册子

B.公共厕所的数量应增加

C.增设医疗救助站

D.针对不同的年龄段,设计不同的旅游路线

10.您的通常出游时间是?(　　　　)

A.寒暑假　　　　B.短期节假日　　　　C.不定期的空闲时间

11.您认为本景区还可以在哪些方面做得更好?(　　　　)(可多选)

A.广告的宣传　　　B.景点的交通设施　　　C.景点的服务设施

D.景区工作人员的形象　　　　　　E.景区的环境卫生

12.您旅游的主要目的是?(　　　　)(可多选)

A.度假休闲　　　　B.观光购物　　　　C.探险寻奇

D.交友访亲　　　　E.宗教朝拜　　　　F.学习体验

13.您认为本景区门票的价格?(　　　　)

A.偏贵　　　　B.适中　　　　C.偏低

14.景区的什么活动比较能引起您的兴趣?(　　　　)

A. 家庭或团体优惠折扣　　　　　B. 节日优惠活动
C. 设定免费开放日　　　　　　　D. 免费的民俗活动表演
15. 您对本景区的总体印象？（　　　　　）
A. 很满意　　　　　B. 满意　　　　　C. 不满意

技 能 训 练

1. 阅读案例1和案例2,将案例2中的问题按案例1中的问题类型来进行分类。

2. 以5人为一个小组,阅读案例1和案例2,参考问卷调查的相关知识和要求,讨论并为小组成立的景区设计一份市场调查问卷。

任务具体要求:调查问卷调查目的明确,调查内容应涵盖游客基本信息、游客消费情况、游客对景区产品的评价、景区促销方式对游客的影响、游客的出游行为等;调查问卷控制在两页纸,尽量采用选择题;符合调查问卷的格式要求。

时间:45分钟

课 外 活 动

每一小组将设计好的调查问卷复印20份,到与各小组创建景区的类型相似的景区门口向游客发放并回收调查问卷,然后对收回的调查问卷进行数据分析,根据分析结果,最后形成××景区游客市场调查报告(或××景区游客市场调查报告),一周后上交。

任务二　景区市场细分和市场定位

热 身 活 动

通过问卷调查会发现,游客的需求差异很大,兴趣爱好也不尽相同,对于价格的敏感度也不一样,那么景区该如何应对这种情况呢?

知 识 讲 解

一、旅游景区市场细分的概念

旅游景区市场细分是从旅游消费者的需求差异出发,根据旅游消费者消费行为的差异性,将整个旅游景区市场划分为具有类似性的若干消费群体。

二、旅游景区市场细分的原则

1. **实效性原则**

旅游景区市场细分的范围大小必须合理,即细分市场的规模大小应该适当,既要保证有利可图,又要具有相当大的发展潜力。

2. **可衡量性原则**

用来划分旅游景区市场的标准必须是可以确切衡量的,因此必须对游客各方面的旅游消费需求作全面、准确的了解,以使划分标准的确定能够准确合理。

3. **稳定性原则**

旅游景区市场细分必须在一定的时期内保持相对稳定,不能经常变化,以便能在较长的时期内制定有效的营销策略。

4. 可接受性原则

在进行旅游景区市场细分时,应根据旅游景区的具体情况选取调研活动的范围,选择有效的目标市场。

5. 差异性原则

按照不同标准进行的分类结果中,不同细分类之间要存在一定性质的差别。

6. 相似性原则

分类结果中的同类市场之间要体现性质的相关性、类似性。

三、旅游景区市场细分的标准

1. 按地理环境细分

所谓按地理环境细分,就是按照旅游消费者所在的地理位置作为细分市场的基础,然后选择其中的一个或几个作为目标市场。从国内看,主要有华东旅游区、华南旅游区、华中旅游区、华北旅游区、东北旅游区、西北旅游区、西南旅游区。从国际来看,世界旅游组织将全世界划分为六大区域,即欧洲旅游区、美洲旅游区、东亚及太平洋旅游区、南亚旅游区、中东旅游区、非洲旅游区。

2. 按人口特征细分

人口特征包括性别、职业、年龄、收入、宗教、家庭结构、受教育程度等,其所包含的变量十分明确,因此按人口特征进行细分的方式是市场细分中最流行的。以年龄为标准来划分,有儿童旅游市场、青年旅游市场、中年旅游市场、老年旅游市场等;按职业、文化程度划分,有商务旅游市场、职工旅游市场、科教旅游市场等。

3. 按购买行为细分

按旅游目的可分为度假旅游市场、观光旅游市场、教育旅游市场和探亲访友旅游市场等;按旅游购买方式可分为团体旅游市场、散客旅游市场;按旅游消费者所追求的利益细分,可分为经济型、享受型、时髦型等。

4. 按心理因素细分

按心理因素细分就是按照旅游者的个性、爱好、兴趣等心理因素来划分市场。心理因素属于旅游消费者的主观心态,比较复杂难测。根据旅游消费者不同的心理需求,细分市场主要有安逸者市场、冒险者市场、廉价购物者市场。如果按照旅游消费者的生活方式进行划分,可以细分为基本需求者市场、自我完善者市场和开拓扩张者市场。

旅游景区市场细分标准及细分因素如表 3-2 所示。

表 3-2　旅游景区市场细分标准及细分因素

细分标准	细分因素
地理因素	空间位置、城市大小、经济地理环境、自然气候、人口密度、城乡分布
人口统计因素	年龄、性别、家庭人数、经济收入、受教育程度、职业、宗教、国籍、民族、社会阶层
购买行为因素	购买动机、购买类型、购买形式、购买频率、品牌依赖度
心理因素	个人的性格、气质、生活方式、价值观

四、旅游景区市场细分的步骤

根据景区特点再结合美国市场学家杰罗姆·麦卡锡提出的一套逻辑性强、直观而有价值

的市场细分程序,旅游景区市场细分的步骤如下:

1.依照需求选定产品市场范围（卖到哪）

景区产品的市场范围一般是在区域旅游业总体市场分析的基础上,针对景区产品的特点确定。这个范围一般是地理范围的概念,即首先根据区域旅游业的市场状况确定境外市场和国内的一级市场、二级市场和机会市场的大致范围,然后根据景区所能提供的旅游产品和旅游服务对以上市场范围作出必要的调整。例如,如果该景区具备世界级的资源禀赋和发展条件,则可以把市场吸引半径足够放大来考虑;但如果该景区只具备地方级的吸引力,则应该聚焦于周边区域的市场拓展,然后再根据各方提供的情况进行动态调整。不同级别景区的吸引半径如表 3-3 所示。

表 3-3　不同级别景区的吸引半径

景区级别	大多数游客的吸引半径
地方级	0～250 千米左右
省区级	500 千米左右
全国级	1500～2000 千米左右
世界级	无限远

2.分析现有和潜在顾客的不同需求

针对选定的景区产品的市场范围,列举该市场范围内旅游者现实的和潜在的旅游需求状况,它是景区市场细分的原始依据。而有关旅游者现实的和潜在的旅游需求情况的基础资料可以采用前面提到的景区市场调研过程和方法获得,掌握了这些资料以后再对旅游者的不同需求进行细致的分析,确定旅游者的基本需求和最重要的基本需求,作为市场细分的基础。

3.根据一定的细分标准确定细分市场（卖给谁）

在以上分析的基础上,分析对旅游者消费行为的差异具有重要营销的因素,选出更具有现实性且更能反映市场需求特点的因素,作为景区市场细分的主要标准,然后根据这些标准对市场进行细分。这些标准主要就是指以上在市场细分变量中提到的各相关变量,如按旅游动机进行细分、按地理位置进行细分、按收入状况进行细分、按年龄进行细分,等等。

4.进一步认识各细分市场的特点

进一步认识细分市场的特点就是在确定细分标准并对市场进行初步细分的基础上,按照细分变量的特征,仔细深入地分析具有这种细分变量特征的旅游者的消费特征和消费习惯,将其与景区产品进行对照,对于景区产品能否满足这些旅游者的需求形成一定的判断,并对细分市场进行重新筛选。

5.测量不同细分市场的规模

一般情况下,对细分市场规模的测量可以有两种思路:第一种,首先要根据地方旅游市场发展状况、景区的历史数据、景区外部环境变化等,对景区总体市场规模进行预测,然后根据各种细分市场发展的规律和趋势赋予其相应的权重。比如景区是以接待高档游客为主,以接待中低档游客为辅;或者是以接待团队游客为主,以接待散客为辅等。对于这样一些不同的细分市场,就需要景区营销人员对其各自景区在总体市场规模中所占的比重作出判断,然后根据各自的比重进行测算。第二种,根据景区所在区域各种细分市场的总体规模、景区营销人员对景区自身在这种细分市场上的竞争力状况和景区历史数据推断景区将可能在市场上占据多大的份额,并据此对景区细分市场规模作出测算。

五、选择目标市场的策略

1.无差别市场策略

这种策略不考虑旅游者的需求差别,而只强调他们的共性。即景区只推出一种类型的旅游产品,或只用一套市场营销办法招徕游客。当景区营销人员经过市场分析后发现各个细分市场之间的差异比较小的时候,就能采用这种市场营销策略。

优点:不必对市场进行细分,不但可降低景区营销和管理成本,而且容易形成垄断性旅游产品的声势和地位,所以容易形成一定的品牌。发展初期用,可先发制人。缺点:景区只针对最大的细分市场提供单一的旅游产品和服务,当几个旅游企业同时参与竞争时必然会加大竞争的激烈程度,最终导致利润降低。所以,此策略不能满足目前日益增长的旅游多样化要求。

这种方法适合于资源种类较多、规模较大、资源特色突出、资源品位较高、区位条件较好、竞争对手较弱、服务能力较强的旅游景区选用,这种旅游景区往往以生产大众旅游产品为主。

2.密集性市场策略

密集性市场策略是指景区将一切市场营销努力集中于一个或几个有利的细分市场,采用不同的市场营销策略组合的过程。这种策略对于经济实力不够强、处于市场开拓的初级阶段的景区更为实用。

优点:占用景区的资金比较少,资金周转相对比较快,有利于提高景区的投资收益率和利润率;市场针对性强,景区可以更加深入地了解这部分旅游者的需求,从而在景区产品设计上能更好地、更有针对性地满足旅游市场的需求;景区将所有的营销精力集中于少数几个市场,使得景区得以充分发挥自身的优势,在这些市场上形成比较强劲的竞争力和比较高的市场占有率。缺点:这种策略由于过分依赖少数几个市场,景区将来的经营会比较脆弱,一旦这些市场出现危机,都会对景区造成致命的打击。

3.差异性营销策略

差异性营销策略是指景区根据各个细分市场的特点,增加旅游产品的种类,或制订不同的营销计划和办法,以充分适应不同消费者的不同需求,吸引各种不同的购买者,从而扩大景区产品的销售量。

优点:在景区产品设计或宣传推销上能有的放矢,分别满足不同地区消费者的需求,增加产品的总销售量,同时可使景区在细分市场上占有优势,从而提高市场占有率,在消费者中树立良好的景区形象,有利于降低景区的经营风险。由于景区同时经营多个细分市场,即使部分市场的旅游者消费偏好发生变化,也不会造成太大的损失。缺点:这种策略将增加景区的各种费用,如产品规划设计和开发的成本、管理费用等;另外,要同时满足不同细分市场的需求,总会在景区的经营管理过程中出现这样或那样的问题和矛盾,对景区的管理能力将会是一个非常大的考验。因此采用差异性市场营销策略的景区一般都是具有比较强的经济实力和比较丰富的管理经验的景区。

案例参考

案例1:武当山旅游景区目标市场锁定长三角

武当山特区旅游局表示:武当山将继续实施大旅游、大营销战略,目标市场瞄准"一条高铁、两大门户、三角市场",以巩固品牌为基础,以创新营销为手段,逐步健全市场营销体系。

武当山特区旅游局对目标市场进行了细分。所谓"一条高铁",即京广高铁沿线,将北京、石家庄、郑州、武汉、长沙、广州、深圳、香港等主要客源城市贯穿起来,形成南北大动脉高铁市场。针对这一市场,武当山2013年将以主题活动促销为主,辅之以广告促销,与沿线组团社建立合作关系。

"两大门户"即西安与武汉。武汉是全国交通枢纽和特大城市,西安是中国第二大入境旅游城市,因此必须看紧"两大门户",将在这两个城市进行集中"轰炸",全方位立体式宣传,营造"到了武汉就要去游武当;到了西安就要去游武当"的氛围。同时对西安与武汉进行纵深性的开发和周边辐射,通过3~5年,将西安、武汉打造为武当山的旅游集散地。

"三角市场"即长三角地区,在国内旅游营销战略上,得此地则得天下。为此,武当山特区旅游局将以长三角地区为突破,进行远程市场的开发。对这一地区,将充分调动旅行社的积极作用,一是引导地接社走出去,建立合作关系;二是与组团社建立渠道,辅之以政策配套以及活动促销等,在合作方式上创新,在市场增量上寻求突破。

资料来源:王云英.武当山目标市场锁定长三角[N].十堰晚报,2013-03-26(B01).

案例2:永川卫星湖旅游度假区市场细分、目标市场选择和市场定位

一、卫星湖旅游度假区的市场细分

永川区的卫星湖旅游度假区是永川地区较为出名的休闲度假区之一,多年来在渝西地区旅游市场中占有一定的地位。近几年来旅游业发展迅猛,新开发景区(点)如雨后春笋,旅游市场竞争日益激烈。为了更好地在竞争中取胜,卫星湖旅游度假区对景区的市场细分情况进行了深入分析。

1.地理因素

按地理因素细分旅游市场是一种传统但至今仍然被重视的细分方法,主要以地区、距离、气候为划分依据。旅游景点的接待对象来自各个地区,分布于不同地区的旅游消费者对同一类旅游产品或服务的需求、偏好存在较大的差异,对旅游产品的价格、销售渠道和促销措施的反应也不同,而且地理因素相对来说是静态因素,利用比较容易,细分出的市场也较易辨认,按照细分市场所在地安排广告促销、布局销售网点,费用合理,营销力量也比较集中。这是旅游景点细分市场遵循的重要因素。

卫星湖景区目前面对的市场主要是渝西旅游市场,在整个重庆旅游市场占有份额非常小。渝西旅游市场以市场占有额相对稳定的永川为中心,循序渐进,向外辐射。在气候方面,卫星湖地属于亚热带季风性湿润气候,总特征为气候温和、雨量充沛、光照充足、四季分明。可根据自身优势把旅游市场划分为重庆主城、渝西两大市场。春夏的市场营销重心放在重庆主城和交通较为便捷的地区,用秋冬品牌主打渝西周边地区,效果会非常明显。

2.心理因素

按心理因素细分旅游市场,主要以旅游者的个性特征、兴趣和爱好、生活方式等因素作为划分旅游者群的基础,注重了同一区域需求差异性,但具有相同心理因素的旅游者通常是分散于不同的地理区域,增加了景区(点)针对各细分市场布置营销力量的难度,而且,心理因素是动态的,不如地理因素容易把握,因此,在旅游市场细分中,应着重考虑将心理因素与地理因素结合起来。

3.购买行为因素

购买行为因素是指以旅游者的旅游动机、旅游组织方式、购买时机、对企业营销的敏感程度、购买频率、购买数量及对品牌的信赖程度等因素为基础进行市场细分。

首先,按旅游动机细分,有探亲访友旅游、观光旅游、度假旅游、公务旅游、奖励旅游五类。

其次,按购买时机、频率、数量细分,有淡季旅游市场、旺季旅游市场和平季旅游市场。在当前市场条件下,卫星湖可尝试使用淡旺季消费价格平抑淡旺季旅游市场。同时充分利用卫星湖季节变化形成的风光优势,进一步包装旅游产品,炒热淡季旅游。

4.人口因素

人口因素是一个复杂的变量系统,它包括年龄、性别、职业、收入、教育、家庭状况、民族、国籍等。

按年龄可将旅游市场细分为青年旅游市场(15—24岁)、成年旅游市场(25—34岁)、中年旅游市场(35—54岁)和老年旅游市场(55岁及以上)。青年旅游市场以求知、猎奇为主要动机。养老旅游是老年旅游市场的一个亮点。

二、对卫星湖旅游度假区的目标市场选择和市场定位进行分析和讨论

根据上述的细分结论,结合卫星湖度假区的其他资源条件,对卫星湖度假区的目标市场选择和市场定位进行分析和讨论,并提出以下合理化建议:整合卫星湖资源,充分利用相关文化,按照细分市场进行营销活动,或者统一宣传,或者各个击破。

(1)一方面,卫星湖的客源市场已由以前的强烈地域集中变得地域分散化了;另一方面,卫星湖客源市场除了受距离的影响,还与客源所在地的经济发展水平有很大关系。因此,客源市场的开拓应在稳定永川地区现有份额的基础上,积极提升重庆主城和渝西地区所占比例。

(2)卫星湖的季节性强度指数已大幅度下降,旅游旺季时间延长。卫星湖的交通及旅游设施规划应有相应的应对措施。

(3)游客来卫星湖旅游所选择的交通方式更加多样化,乘公共汽车和通过自驾车前来旅游的人数比例有较大提高,因此规划中对人流引导、停车场问题应给予足够的重视。

(4)卫星湖旅游综合开发深度不够。卫星湖景区游客中,观光旅游的占绝大多数,且游客大多数只逗留一天,额外消费偏低。因此,卫星湖度假区应强化旅游相关产业的综合开发力度,积极开发旅游产品,提升其综合竞争能力。

(5)游客对卫星湖度假区旅游设施和服务还不甚满意,对卫星湖的自然生态环境资源保护给予了极大关注,这就要求卫星湖度假区开发应坚持以保护为前提的原则。

资料来源:张杰.永川卫星湖旅游度假区市场细分、目标市场选择和市场定位[EB/OL].http://wenku.baidu.com.

技能训练

以5人为一个小组,阅读案例1和案例2,参考旅游景区市场细分和目标市场定位的基础知识,根据旅游景区市场细分的标准和步骤并结合任务一中问卷调查的结果,制作本小组成立景区的市场细分报告。

任务具体要求:按某一标准或多标准对景区的客源市场进行细分,并确定景区的主要目标客源市场。

时间:45分钟

课外活动

在得出景区主要目标市场的基础上,课下查找资料,并分析目标市场主体人群的特点及旅游偏好(包括偏好旅游资源的类型),并制作成PPT(要求图文并茂),成果一周后公开展示。

任务三　景区旅游形象设计

热身活动

形象是旅游景区的生命,也是形成竞争优势的最有力工具。在竞争激烈的旅游市场,景区形象的建设已成为经营策略的重点。在日常生活中,你有没有留意过景区的宣传口号和标识呢?

知识讲解

一、旅游景区形象定位的概念

景区形象的定位就是要使景区形象深入潜在游客的心中,使景区在游客心中形成生动、鲜明而强烈的感知形象,树立起景区独特的风格和吸引力。

景区形象定位的基础来源于景区自身的自然、人文旅游资源的独特内涵和优质旅游服务及其体现的精神风貌,是自身区别于其他景区的关键因素。

二、旅游景区形象定位的前提

1.市场细分

了解公众(包括潜在和现实旅游者)对景区的印象和态度,并对此进行量化研究和分析是景区形象定位的基础。具体方法包括采访受访者对景区的总体印象,对景区功能的满意度;引导受访者对景区进行感性描述;判断受访者认为最独特的吸引物等。

2.优势分析

结合景区的地理文脉和空间层次,分析旅游景区在同类型景点中的优劣势是景区形象设计成败的关键。

三、旅游景区形象定位的原则

1.主题标志化原则

主题体现的是景区的独特性,景区必须有一个或若干鲜明的主题,并通过景观设计、建筑风格、项目策划、产品推广等将主题直观地表现出来,突出景区产品和服务的特色,树立景区的品牌,从而对游客形成强烈的视觉冲击和心理诱惑。

2.内容差异化原则

内容差异化原则主要针对景区所面对的竞争者,目的在于使景区的形象与竞争者有明显的差别,从而创造独特的吸引力和核心竞争力。差异化原则利用了旅游者对特色的关注和忠诚。

3.表现口号化原则

口号如同广告词,是景区形象定位最简练、最直观的表述,也是使旅游者了解并记住景区形象的最有效方式之一。主题口号是形象定位最好的表现形式。

口号设计应遵循一定的原则:突出特色,体现地方特征;突出内涵,强调文化包装;突出个性,符合区域市场需求;突出鲜明,体现时代特色。

四、旅游景区形象定位的基本方法

1.领先定位法

景区在市场定位时,首先想到的应该是领先定位,但领先定位一般只适用于具有独一无二或无法代替的旅游资源的景区,这种垄断性还要分一定的区域概念,即景区可能在世界范围内或者是全国范围内或者是更小的区域内采用领先定位,这都要取决于景区旅游产品的某项特征在多大的市场范围内具有领先地位。比如5A级或者世界遗产类的景区。

2.比附定位法

比附定位是一种"借光"的定位方法。它借用著名景区的市场影响来抬高自己,比如"东方夏威夷""北方的千岛湖""东方瑞士风光"等。采用这种定位方法并不是去占据比附对象的市场定位,与其发生正面冲突,而是以与比附对象有所不同的比较优势去争取比附对象的潜在旅游者群。采用这种方法的景区在区位上不可与比附对象距离太近,因为这种定位是吸引比附对象的远途的潜在旅游者。另外,对于已经出名的旅游景区和独具风格的旅游景区不能随便采用这种方法。

3.心理逆向定位法

心理逆向定位是采用消费者的一般思维模式,以相反的内容和形式塑造市场形象的过程。它所强调和宣传的定位对象一般是消费者心中第一形象的对立面和相反面,同时搭建了一个新的易于为旅游者接受的心理形象平台。例如"出售荒凉"的宁夏镇北堡影视城,与传统的"人看笼中动物"的动物园截然相反的"动物看车中人"的深圳野生动物园。

4.差异定位法

比附定位和心理逆向定位都要与游客心中原有的旅游形象阶梯相关联,而差异定位则是新开辟的一个形象阶梯。旅游点的形象定位更适合于采用差异定位。差异定位的核心是树立一个与众不同并且从未有过的主题形象。四川雅安的碧峰峡景区针对其主体市场,推出了"天府之肺"的形象定位。

5.狭缝市场定位法

狭缝市场定位是旅游景区不具有明显的特色优势,而利用被其他旅游景区遗忘的旅游市场角落来塑造自己旅游产品的市场形象。

6.变换市场定位法

变换市场定位是一种不确定的定位方法。它主要针对那些已经变化的旅游市场或者根本就是一个易变的市场而言的。市场发生变化,景区的特色定位就要随着改变,并相应地设计不同的营销组合。

五、景区 CIS 设计

(一)CIS 的内涵

CIS(corporate identity system),意为企业识别系统,从公共关系的角度看,它意味着组织的一种整体形象管理,是对与企业形象有关的诸要素进行全面系统的设计,通过全方位的信息传送塑造出为内外公众所认同的整体形象的企业形象战略系统。

CIS 的内容包括三个方面,即:理念系统、行为系统、标识系统。现代公关理论中,还增加了顾客满意的内容。其中理念系统是组织最高层的思想系统和战略系统,是 CIS 设计的根本依据和核心;行为系统是组织运行的所有规程策略,是动态的识别形式,规范着组织内部的组织、管理、教育以及面向社会的一切活动,实际上是组织的运作模式;视觉系统是指组织视觉识别的一切事物,分列项目多、层面广,是静态的识别符号,也是 CIS 中直接向社会传递信息的部分。顾客满意是景区营销的宗旨,坚持顾客满意是实现和维护旅游景区形象的根本。

(二)景区 CIS 的内涵

景区 CIS 是景区为了塑造良好的形象,通过统一的视觉设计,运用整体传达沟通体系,将组织的经营理念、文化活动传递出去,以突出景区的个性和精神,与社会公众建立双向沟通关系,从而使社会公众产生认同感和共同价值观的一种战略性活动。

(三)景区 CIS 设计的原则

景区 CIS 设计应遵循四个原则:目标一致原则;统一性原则;可识别性原则;整体性原则。CIS 系统要求景区经营理念、人员和物力等多方面的有机配合,达到整体的协调统一,最终实现塑造良好景区形象的目标。

(四)景区 CIS 系统的组成

1.景区理念识别系统

理念识别系统是旅游景区形象系统的核心和灵魂。

(1)景区使命:体现旅游景区不同的社会价值观,是景区开展经营活动所依托的社会使命。

(2)经营观点:包括景区精神、质量意识、服务意识、职业道德和组织的凝聚力。

(3)行为规程:包括员工手册、岗位责任说明书、岗位操作规范、质量标准、劳动纪律等。

(4)活动领域:景区开展接待服务活动的设施水平和向游客提供的产品类型及服务标准范围。

2.景区行为识别系统

景区行为识别系统应包括两个部分:

(1)对内行为:运用先进的管理方法;对员工进行培训,建立激励体制,完善职工福利体制;进行新项目的研讨开发;营造良好的企业文化氛围等,保证景区所提供产品的质量。

(2)对外行为:市场调查、广告宣传、公关活动、促销活动、竞争策略、公益文化活动以及与各类公众的关系等,可以使公众充分了解景区所传达的信息,增加认同感,在公众心目中树立良好的形象。

3.景区视觉识别系统

旅游景区形象系统中最为突出的就是它的视觉景观实体,它以更加形象、直观的方式冲击游客的感官,形成强烈的印象。

景区视觉识别系统主要包括三个方面:

(1)景区视觉景观形象系统。景区视觉景观形象即景区本身所具备的自然和人文资源。

(2)景区视觉符号识别系统。景区本身是一个划定的空间,要在一定区域内锁定游客的感官,给游客留下美好的视觉印象,并树立企业形象,同时还要为游客提供方便实用的指示性符号。

(3)景区宏观环境识别系统。从现代旅游发展的趋势来看,旅游者更欣赏能够与当地环境相协调、凸显文化特色的景区景点,因此对景区所在地宏观环境和居民形象的设计也成为景区视觉识别系统的一个组成部分。

4.顾客满意

随着 CIS 的引入和发展,经营者越来越重视形象系统的终极目标,即顾客满意。在景区经营管理中贯穿"顾客满意"是塑造和维护景区形象的宗旨。

📋 案例参考

案例 1:河北省部分旅游景区形象定位口号

易县——一个可以深呼吸的地方

北方第一瀑——天生桥

太行山龙头,祖冲之故里——野三坡风景名胜区

京畿盛景,醉美保定

冬天游海南,夏天住涞源

长城万里长,最美金山岭

契丹祖源,圣地平泉

望得见山,看得见水,记得住乡愁——中国涞水

幽燕沃壤,大美涿州

览经典古长城,品标准普通话——普通话之乡滦平欢迎您

案例 2:辽宁省旅游主题宣传口号与形象标识发布

2014 年 7 月 23 日,辽宁省旅游局正式向社会各界发布辽宁省旅游主题宣传口号与形象标识——"乐游辽宁、不虚此行"(见图 3-1)。据了解,辽宁为树立辽宁旅游新形象,打造辽宁旅游新品牌,展示辽宁新风采,省旅游局于 2014 年 4 月 16 日至 4 月 30 日,在全国范围开展了辽宁旅游主题宣传口号和形象标识设计征集活动。

图 3-1 辽宁省旅游主题宣传口号与形象标识

该主题口号寓意为:仁者乐山,智者乐水,旅游之乐在辽宁,不虚此行游意浓。辽宁拥有丰富的旅游资源,经济社会生态环境优良,人文素养高,食住行游购娱,旅游要素齐全,在辽宁旅游一定会"不虚此行"。此口号从游客内心的美好愿望和追求出发,激发游客来辽宁旅游的欲望和内心渴望。

辽宁旅游形象标识设计的主题内涵:其整体创意灵感来源于辽宁的简称"辽"字与辽宁版图形的同构,设计采用当今流行的抽象线条将辽宁的自然风光、人文风情以及沿海大省的意向进行三位一体的表达,凸显辽宁积极进取的时代精神与风貌。同时,与"乐游辽宁、不虚此行"主题口号的文字共同组成。

标志色彩由两部分构成,红黄暖色部分,体现着辽宁省旅游产业有如旭日朝阳般的蓬勃发展,同时也表现出辽宁悠久的历史文化和辽宁人热情好客的民风民情,既淳朴自然,又浓烈炽热。无数个新中国第一,就是从这里冉冉升起。

标志的蓝色部分,象征着辽宁省沿海经济带,突出了辽宁丰富的海岸旅游文化和资源。2177 公里海岸线风光无限,串起了辽宁 25 个港口和大连、丹东、盘锦等多个旅游景区。蓝色与红黄暖色的巧妙组合,突出了辽宁多彩的山水佳境风情旅游线路,展北国之雄奇,藏江南之毓秀,兼如火的关东风情,带给游客的是"乐游辽宁,不虚此行"畅快感受!

资料来源:辽宁发布旅游主题宣传口号与形象标识[EB/OL]. http://www.zhengjicn.com/jx1/cs/201407/43207.html.

技能训练

以 5 人为一个小组,阅读案例 1 和案列 2,参考旅游景区形象定位和策划的相关知识,为××景区撰写一份景区形象策划方案。

任务具体要求:

策划要包括旅游景区的 MI(理念识别)、BI(行为识别)、VI(视觉识别)三个方面。每个要素至少要包含以下几个要点:

MI 包括:①景区的经营理念;②景区的形象定位(口号形式采体现)。

BI 包括:①本年度员工培训计划;②本年度景区宣传、促销计划。

VI 包括:①景区标识的设计;②景区员工着装设计;③景区旅游纪念品设计。

时间:60 分钟

课外活动

课后每位同学收集至少 10 个景区的形象定位口号,并按形象定位的基本方法进行分类,形成文字上交老师。课后收集至少 10 个景区的标识设计图案,选出一个你认为最好的,并说明理由,要求图文并茂,完成后上交老师。

任务四　制定景区营销组合策略

热身活动

你知道 4Ps 是哪四个以 P 开头的英文单词吗?

知识讲解

旅游景区的营销组合(4Ps),是指旅游景区为获得最佳的经济效益,针对景区的产品(products)、价格(prices)、销售渠道(places)、促销(promotions)这四个因素进行组合,综合性地发挥整体营销作用,使景区的旅游产品更加适应市场,并促使景区产品最终被旅游消费者购买或消费。

一、景区产品策略

旅游景区产品策略是根据市场需求及景区可持续发展原则,对景区产品进行规划、设计、开发和组合的活动指导方案。

首先要科学规划旅游资源和产品的开发设计,突出特色、突出品位、突出精品,同时增加协调性,避免近距离的重复建设。其次,旅游产品的开发要注重产品结构,要重视文化旅游产品的深度开发和体系建设,以提升旅游产品的档次和感染力。除此之外,为了促进旅游产业的可持续发展,无论是传统特色产品还是新兴旅游产品,都应注重环境与生态保护。产品开发中还应考虑以下几个方面:积极塑造旅游景区品牌形象;注重旅游景区线路设计开发;景区产品系统配套策略。

二、景区价格策略

我国自然类旅游景区的价格体系主要由门票收入及景区内商业收入组成。门票收入是景区营业收入的最主要部分,按国外发达旅游国家经验,门票收入一般占景区收入的40%左右,而我国景区的门票收入一般占到总收入的70%左右。

据调研分析,我国自然类旅游景区的门票价格趋势会不断上涨,在上涨趋势中景区还应根据产品类型的不同而注意上涨的幅度、频率等。只有使产品类型与价格策略相匹配,才能在涨势中赢得先机,使景区可持续发展。

1. 观光游览型景区门票定价策略

(1)景区门票价格涨幅需控制。观光景区若要可持续发展,一定不要仗着资源独特性及积累的知名度,想当然、拍脑袋地决定是否涨价以及涨价多少,要综合考虑目标市场旅游者的感知价位及竞争对手涨价的幅度,并在涨价前进行听证,才能科学地确定景区涨价的具体幅度。

(2)关注景区门票价格调整频率。如果观光型景区门票决定涨价,但却遇到较大社会阻力,那如何才使景区门票达到预期目标而又不使景区社会形象受到损失?其实可以调整景区价格上涨频率,即"低幅度、高频率"的涨价策略。经实践证实,被媒体戏称为"悄然"涨价的景区并没有引起旅游者的强烈反对,印证了小幅度涨价的策略是能够被接受的。

2. 休闲会议型及综合型景区门票定价策略

观光型景区由于其资源具有稀有性、独特性,且门票是其主要利润来源,因此门票定价是其重中之重;而会议休闲及综合型景区的门票收入在其利润中占比有限,且它们占据地利优势,均强调旅游者的反复消费,做回头生意,在上涨大趋势中其门票可以涨幅略小甚至不收门票来吸引旅游者前往体验,然后通过旅游者消费其内部设施、服务以及重复消费来弥补门票收入的不足。

三、景区分销渠道的策略

景区销售渠道,又叫景区分销渠道,是使旅游者转移到旅游景区实现景区产品销售的全过程中所经历的各个环节和推动力量的总和。它的起点是景区企业,终点是旅游消费者。中间环节包括各种代理商、批发商、零售商以及其他中介组织和个人,即旅游中间商。景区渠道与传统商品渠道的运动方向不同,通常是旅游者向景区的移动。

1. 密集分销

密集分销是指景区经营者选取尽可能多的旅游中间商推销景区产品,以扩大景区与旅游市场的接触面。这种策略的优点是能够将景区产品信息传递和产品销售渗透到更广泛的市场,缺点是营销费用要求较高,控制难度较大。这种策略一般对于大众化的观光型旅游景区更加适用。

2. 选择分销

选择分销是指景区经营者在某一地区仅仅通过少数几个精心挑选的、最合适的中间商推销其产品。这种策略适用于价格较高的旅游景区,旅游者在选择这些旅游景区的过程中一般都要经过比较慎重的考虑和选择,因此,这种策略对旅游分销商的要求也是比较高的,要求中间商具有一定的专业知识、良好的服务水平以及比较高的信誉度。

3. 独家分销

独家分销是指景区经营者在某一地区仅选择一家经验丰富、信誉度较高的中间商全面负责销售该景区的旅游产品。双方通常会协商签订独家经销合同,规定经销商不得经营竞争者的产品,以便控制经销商的业务经营,调动其经营积极性,占领市场。这种情况一般只在同一地区进行恶性竞争的景区中才会出现。

四、景区销售渠道的选择

(一)影响因素

渠道设计是旅游景区为实现分销目标,对各种被选择的渠道结构进行评估和选择,从而开发新型的渠道和改进现有渠道的过程。在设计渠道的时候,旅游景区应注意以下几点:渠道范围一定要与分销区域的大小相适应;要尽最大可能缩短渠道长度;与渠道商分配好利益;不要被客户所控制;信息要畅通;多找积极主动愿意促销产品的新客户;确定终端分销形式;不同渠道之间的价格必须统一。

1.旅游市场特征

渠道设计深受旅游者人数、地理分布、购买频率、平均购买数量以及对不同促销方式的敏感性等因素的影响。

2.产品特色

景区资源的垄断程度如何、特色是否鲜明、对旅游者的吸引力如何等都会对景区经营者在渠道的设计上产生较大的影响。

3.中间商特征

景区必须找到愿意并且能够履行职责的中间商。一般来说,中间商处理促销、顾客联系、存储和信用方面的能力各有不同。

4.竞争特性

景区与周边旅游景区资源的同质性如何,各景区生产的旅游产品是互补性的还是替代性的也是景区渠道设计的关键。

5.景区自身经营条件

景区自身经营条件在渠道选择中扮演着十分重要的角色,主要体现在总体规模、财务能力、产品组合、渠道经验、营销政策等。

6.环境条件

环境条件如经济条件和法律限制也会影响渠道设计决策。例如,在经济萧条时期,景区经营者希望以最经济的方式销售产品。

(二)销售渠道的选择形式

景区可选择的中间商或分销商的形式,在景区营销实践中主要有以下几种:

1.旅行社

它是景区分销渠道地理多元化的最佳工具,旅行社作为景区的主要客源输入点,是景区发展的生命线。虽然景区与旅行社的关系也很微妙,随着市场竞争的白热化,两者在利益方面的冲突也日益加剧。然而,旅行社仍是多数景区的首选渠道,也是关系最稳固的一个渠道。景区应该与旅行社加强沟通和多方面的合作,以"双赢"为理念提升这一渠道的价值。此外,景区也应从自身发展的角度出发,拓展其他渠道的建设,避免这种单一渠道给景区经营带来的风险。

2.其他旅游媒介

除旅行社外的其他旅游媒介通常包括住宿和交通运输、就餐和娱乐等。它们可以通过提供推销队伍,使景区能以较小的成本开支接近许多散客;有时可以为景区提供财务援助,如提早订货、按时付款等;由于其拥有所有权而承担了景区的若干风险;它们可以向景区和旅游者传递各种活动、新产品、价格变化等方面的情报;可以帮助景区改进其经营活动。

3.政府旅游协会或行业协会

它的作用主要在于向市场提供信息,在全国或更大范围内促进旅游景区的发展。政府是景区营销渠道关系中最为特殊的一个,它可以为景区发展提供强有力的支持和保障。近年来,世界范围内的政府参与旅游营销已成趋势,国内许多省、直辖市、自治区和大部分旅游城市都在进行层次、规模和水平不一的政府营销行为。

4.预订系统

预订系统一种是全球分销系统,另一种是互联网。这两种都是新的高效的分销渠道,成本低,为景区进入世界市场提供更多的信息和渠道。

5.景区与游客

游客是景区营销的最终目标受众,景区通过各种渠道进行营销,其最终目的都是要吸引游客。在当前旅游市场进入"散客时代"的背景影响下,以旅行社为主要渠道、专注于团队市场的营销模式和传统理念亟须转变。景区与游客之间必须建立直接营销渠道。景区必须随时关注目标市场的变化趋势,并相应地制定营销策略。景区对游客的直接营销,相对于其他营销渠道来说更具有针对性和影响力,可以提高景区的品牌知名度,加深游客对景区产品的印象,取得较好的营销成效。

五、促销

(一)促销的内涵

促销是以合适的时间、在合适的地点、用合适的方式和力度加强与消费者的沟通,促进消费者的购买行为。景区促销包括两层基本含义:景区促销的核心是与旅游者沟通信息并与其建立更为长期而稳固的关系;景区促销的目的是引发、刺激旅游者产生购买(旅游)行为,景区促销通过各种方式将信息传递给旅游者,激发其购买(旅游)欲望,产生购买(旅游)行为。

(二)促销组合策略

景区促销组合策略主要包括广告、营业推广、公共关系、人员推销及网络营销。景区需根据产品类型,综合各种影响因素,对上述要素进行组合与搭配,针对不同的目标市场,形成不同的促销策略组合。

1.景区广告策略

对于景区而言,广告不仅能宣传景区产品,提升景区形象,与旅游者进行沟通,还能显示景区实力,传递景区品质信号;对于旅游者而言,广告能减少旅游者的搜寻成本,带给旅游者供给信息。处于起步期、发展期、巩固期的观光型景区针对目标市场适宜倚重覆盖范围较大的广告媒体进行大规模投放,提高并巩固景区的知名度。而休闲会议型景区则更多利用针对性较强的休闲旅游杂志、地方电视台等进行区域性目标市场投放。

2.景区营业推广策略

营业推广策略,又称销售促进,是我国自然景区在某一特定时期与空间范围内通过刺激旅游者、渠道中间商,促使旅游者数量增长、结构改善而采取的一系列措施和手段。

3.景区公共关系策略

公共关系是自然类旅游景区重要的促销手段,其目的是建立旅游景区与公众之间的良好关系,树立景区良好品牌形象。公共关系是效益成本比较高的一种促销手段,由于它旨在与公众沟通,并不仅限于目标市场,通过公关便于在公众中树立有口皆碑的良好形象,同时培育了潜在客源群,有利于增加景区的销售收入。

4.人员推销策略

自然类旅游景区的产品特性决定了人员推销策略相对其他促销策略而言应用较少,其主要用在休闲会议型景区开拓市场、联系渠道等具体情况中。而资源条件较好、目标市场较分散、知名度和美誉度较高的观光游览型及综合型景区则较少使用人员推销策略。

5.景区网络营销策略

随着计算机技术与互联网的迅速发展,旅游景区的营销信息传播方式改变了原有的状态,它可以通过使用景区影视、照片、文本和声音介绍等发送信息,使旅游者在网上了解、预订、购买、评价景区旅游产品成为可能。网络营销把景区的营销市场拓展得更为广阔。

案例参考

案例 1:武夷山的市场营销战略

武夷山市位于福建省北部,1998 年获得首批中国优秀旅游城市称号,1999 年被联合国世界遗产委员会正式批准列入《世界自然与文化遗产名录》,是福建省历史文化名城,在世界范围内享有很高的知名度和美誉度,一直以来都是福建旅游对外宣传促销的王牌标志。

武夷山旅游成绩如此斐然,与其市场营销战略的成功选择有着紧密的关系:

1.品牌支撑战略

武夷山的品牌定位于高知名度、高认知度、高美誉度并且具有较高的品牌活力的强势品牌地位,对于这类品牌,旅游地的核心任务是维护品牌地位,武夷山正确地认识到了这一点,在近年来的发展中不断地进行品牌扩展,沿着市场趋势不断推出新的高品位的旅游品牌,例如:武夷山绿色生态旅游品牌、武夷山红色旅游品牌、武夷山茶文化品牌等,树立了鲜明、多元的旅游地品牌形象,得到广大旅游者的强力支持,形成了强大的竞争优势。

2.形象制胜战略

注重旅游形象的建立与推广是武夷山从发展之初就特别注意的方面,在旅游形象的推广过程中又将统一性、针对性、效益性三大形象推广原则把握得游刃有余。一直以来就结合自身的资源优势,以"玉女峰"为形象标志对外进行宣传促销,始终给旅游者以一种清新纯净的形象感知,处处体现的是统一的、整体的旅游形象;除了"玉女"品牌外,武夷山还针对不同的细分市场推出不同的分体支撑形象,例如:针对青年旅游者武夷山给出的是"浪漫牌",对以学生、学者为主体的客源武夷山则以"科考牌"取胜等。

3.产品升级战略

2005 年 6 月,武夷山景区进行了票制改革,将武夷山景区门票分为三类,即 110 元人民币的一日有效票、120 元的二日有效票和 130 元的三日有效票。与原先的 111 元景点通票或 126 元的所有景点票相比,新票制在价格上并未发生太大变化,只是把原先的景点游改为景区游,这样可更有效兼顾到景区、游客、旅行社等各方的利益,实现"多赢"。实行新票制后,对武夷山人游武夷提供更为方便、灵活、人性化的优惠政策。这一举措将原有的景点游改为景区游,不仅实现了经营形式的创新,更重要的是以人为本,从旅游者的角度出发提升了产品质量。

武夷山旅游的不懈创新还体现于不断顺应市场需求,结合本土资源特色推出了风光旅游、民俗旅游、古文化旅游、茶文化旅游等一系列富有鲜明的武夷特色的主题旅游,并且举办"武夷山旅游节"等重大节庆活动,以节庆促旅游发展。

4.营销组合战略

武夷山采用了灵活多样的营销组合。例如,武夷山市政府与中国康辉旅行社集团签署了"年度协议书",双方商定,在 2005 年 6 月 1 日至 2006 年 5 月 31 日期间,中国康辉旅行社集团将向武夷山发送客源达 6 万人次,其中,预计福建省内游客达 5000 人次。武夷山给予中国康辉旅行社集团的系列旅游团以景区优惠门票。如此大规模的团购项目在福建省旅游界尚属首次,在国内也尚属罕见,团购销售模式有利当地旅游业做大做强。这种短渠道的销售方式既给旅游地以客源保证,亦在一定程度上降低了产品成本,有益实行强强联合共创品牌,经济利益上能达到双赢。另外,武夷山还散发武夷山画册、折页、武夷风光VCD片和旅游报价等各类旅游宣传品在各种旅游交易会上进行直接宣传促销,以拓展客源市场。

该案例中的武夷山景区采取了系统而又成功的市场营销战略,首先注重了旅游景区的品牌塑造,树立了鲜明、多元的旅游地品牌形象,形成了强大的。其次是进行了完善的景区形象策划,在突出"玉女"品牌外,还针对不同的细分市场推出不同的分体支撑形象。而且该景区不懈创新,不断顺应市场需求进行了旅游产品升级,举办了多次重大的节庆活动,促进了当地旅游的发展。最后,武夷山景区采用了灵活多样的营销组合,稳定和扩大了客源,提高了景区的知名度。所以,武夷山景区能取得如此的成绩与其成功的市场营销战略是密不可分的。

案例2:新疆吐鲁番葡萄沟景区旅游市场营销组合策略

新疆吐鲁番葡萄沟景区之所以能在全国驰名,并每年吸引大量的游客前往,与其成功的旅游市场组合策略分不开。吐鲁番葡萄沟的营销策略包括:

一、产品策略

1.文化感受与绿色营销

葡萄沟景区以自然生态环境保护的观念作为经营的指导思想,以绿色文化和历史文化的原真性为价值观念,以文化感受和绿色消费为中心和出发点,力求满足多元、绿色消费需求的营销观念。通过科学规划与开发,进一步开发无污染的绿色葡萄干系列产品;坚持葡萄沟旅游资源的合理利用,保持资源和文化的完整性。

2.服务营销

以服务为导向,强化景区工作人员的服务意识,提高服务水平,增加多元化服务形式。注重游客的旅游全过程感受,积极主动地关注游客的意见和建议,及时反馈并进行相应的调整和改进。建立游客档案,使景区与游客建立长久的、良好的客户关系。

二、价格策略

1.季节折扣

葡萄沟景区在淡季时普遍出现客源不足、服务设施和生产设备闲置的情况,为吸引旅游者,增加消费,制定低于旺季时的旅游产品或服务价格以刺激旅游消费者的消费欲望。如在淡季不同时期给游客优惠到5~9折。

2.特殊事件价格

葡萄沟景区在某些节日(如"中国丝绸之路吐鲁番葡萄节")或在本地区举行特殊季节活动的时候,适度降低旅游产品或服务的价格以刺激旅游消费者。采用这种策略时必须要有相应的广告宣传配合,将特殊事件情况和相关信息传递给广大的旅游消费者。

三、市场营销渠道策略

1.航空公司营销

与国内外航空公司建立密切联系,支持吐鲁番地区的旅游促销,并提供有竞争力的机票。

2.旅行社营销

旅行社是旅游产品的经销商,它拥有大量的客源,是旅游产品的最佳销售渠道。葡萄沟景区慎重选择有较高服务水平以及信誉的旅行社,向这些旅行社提供优惠政策并与其合作。

3. 酒店营销

葡萄沟景区与吐鲁番地区及疆内的星级酒店建立联系,由酒店向住宿酒店的游客发放葡萄沟的宣传材料,为游客提供订票、旅游咨询等服务。

4. 网络营销

增加葡萄沟景区官方网站的功能,提供旅游咨询,尽快建设电子商务网络,利用网络门票预售系统轻松帮助游客或旅行社随时、随地完成购票和旅行预订。

四、促销策略

1. 增加宣传促销基金

葡萄沟景区管委会可从旅游收入中适当增加宣传促销基金,完善宣传促销经费来源体系,增加旅游促销预算,加强海外市场的促销活动。

2. 形象营销

树立吐鲁番葡萄沟独特的旅游形象,建立与众不同的旅游品牌,用于所有的宣传活动。2006 年吐鲁番葡萄沟景区的整体旅游形象定位:"游清凉世界,品香甜葡萄;访丝路民俗,憩自然精品";2007 年定位:"游火洲世外桃源,尝人间极品葡萄;访丝路悠远古村,看民族特色风情"。由此提出一系列的宣传口号和形象标志完全可以运用于实际宣传中。

3. 广告营销

电视广告是最直观、最有效、最直接的一种融视觉、听觉、感觉于一体的传播。吐鲁番葡萄沟景区在央视 1、2、4、9 和 10 台做电视广告,不断谋求在央视《人与自然》《地球故事》《发现之旅》等科普性质栏目中介绍吐鲁番葡萄沟旅游景区的神奇和历史文化价值,提高葡萄沟的知名度,推动葡萄沟旅游业的飞速发展。在收视率较高的电视台或重要客源地电视台或报纸上,持续组织、刊登吐鲁番葡萄沟葡萄文化探源、葡萄沟历史文化村落考察、丝路文明追溯等旅游活动广告。

4. 影视营销

考虑新编反映吐鲁番葡萄沟历史、自然以及人文风情的影视片,向全球介绍葡萄沟景区人与自然和谐相处的真实环境。

5. 印刷品营销

扩大吐鲁番葡萄沟景区的各类现存促销宣传材料的范围,提高其质量和数量,印制精美的葡萄沟旅游宣传册、葡萄沟宣传画、葡萄沟旅游地图、葡萄沟旅游指南;精选出版相关介绍葡萄沟文化与历史特色的书刊。

6. 短信营销

随着移动通信业务的发展,短信业务早已融入了人们的日常生活,并形成了一种独特的短信经济现象。葡萄沟景区应开发以营销服务为目标的短信互动平台,将葡萄沟的旅游资源介绍给游客。

7. 旅游大篷车营销

吐鲁番地区每年在重要客源地举行旅游产品推介会,宣传推广吐鲁番葡萄沟"一日游"或"多日游"产品。

8. 节庆旅游营销

中国丝绸之路吐鲁番葡萄节每年 8 月下旬到 9 月在吐鲁番市举行,按照"文化搭台,旅游唱戏"的方针,将每届吐鲁番葡萄节的分会场设在葡萄沟景区,围绕葡萄节开展多项节庆旅游活动,体现了节日的"葡萄"主题,促进葡萄沟旅游业的发展。

资料来源:杨丽,陆易农,白洋,海米提·依米提.新疆吐鲁番葡萄沟景区旅游市场营销组合策略[J].新疆大学学报(哲学·人文社会科学版),2008(1).

案例3:上海世博会门票种类及适用规则(见表3-4)

表3-4 上海世博会门票种类及适用规则

类别	票种		适用规则
个人票	指定日	指定日普通票	• 适用所有人士 • 指定日当日或任一平日参观 • 一人一票入园当日单次出入
		指定日优惠票	• 适用残疾人士 • 适用1950年及之前出生的人士 • 适用普通高等教育阶段、高中教育阶段和义务教育阶段在校学生 • 适用身高超过1.2米的儿童 • 适用中国现役军人 • 购票及入园时需出示相关有效证件 • 指定日当日或任一平日参观 • 一人一票入园当日单次出入
	平日	平日普通票	• 适用所有人士 • 除指定日外任一平日参观 • 一人一票入园当日单次出入
		平日优惠票	• 适用残疾人士 • 适用1950年及之前出生的人士 • 适用普通高等教育阶段、高中教育阶段和义务教育阶段在校学生 • 适用身高超过1.2米的儿童 • 适用中国现役军人 • 购票及入园时需出示相关有效证件 • 除指定日外任一平日参观 • 一人一票入园当日单次出入
		3次票	• 适用所有人士 • 除指定日外每张门票在整个会期中可任选3天入园 • 一人一票每张门票每天仅限入园一次
		7次票	• 适用所有人士 • 除指定日外每张门票在整个会期中可任选7天入园 • 一人一票每张门票每天仅限入园一次
		夜票	• 适用所有人士 • 除指定日外适用于17:00之后入园 • 一人一票入园当日单次出入

类别	票　种	适用规则
团队票	普通团队票	• 适用于 15 人以上含 15 人的团队 • 统一提前购票,统一预约入园 • 入园当日单次出入
	学生团队票	• 适用普通高等教育阶段、高中教育阶段和义务教育阶段学校或相关机构组织的 30 人以上含 30 人的学生团队 • 指定日除外 • 统一提前购票,统一预约入园 • 入园当日单次出入

▶ 技能训练

以 5 人为一个小组,阅读案例 1 和案例 2,参考景区旅游市场营销组合策略的相关知识,结合上几次任务的成果,讨论并撰写一份××景区的市场营销组合策划书。

任务具体要求:

内容应涵盖下述四个方面:产品策略、价格策略、市场营销渠道策略、促销策略(每个策略中要有具体的实施办法,表述要清晰、完整)。

时间:60 分钟

课外活动

课下利用网络资源或书籍、报刊收集任意三个景区为提高游客的到访率而执行的门票价格策略,并比较各自的优缺点,要落实成文字。

任务五　策划景区节庆营销活动

热身活动

我国有多少个法定节假日?西方都有哪些节日?我国的传统节日有哪些?你所知道的少数民族的节庆有哪些?

知识讲解

一、旅游节庆活动的内涵

旅游节庆是"旅游"与"节庆"的综合体,"节庆"是旅游节庆的外在表现形式,本身只是文化传承的载体,而"旅游"是旅游节庆的本质内涵。节庆也可以说是一种旅游资源,是旅游地开发旅游产品的一种形式。策划成功的节庆活动本身就是一种旅游产品。节庆为旅游提供良好的发展平台,旅游可以借助节庆展示旅游特色、宣传旅游文化。

二、旅游节庆活动是景区营销的重要手段

近年来,国内的各大景区都依托自己的旅游资源,进行旅游节庆活动的开发与设计,一时

间以自然景观、民俗文化、宗教文化、历史文化、科技体育等为主题的节庆活动层出不穷。如新疆那拉提的天马节、吉林的雾凇冰雪节、哈尔滨的啤酒节等。这些旅游节庆活动与旅游景区主体形象相符合,具有鲜明的地方色彩,切合举办地的实际情况与风俗习惯,而且在此基础上加强了娱乐性与观赏性,拉动了当地相关产业的发展,提升了举办地的形象,弘扬了地方的传统文化。

三、景区策划节庆活动的要点

1. 确定节庆主题,与景区主题形象相一致

旅游景区在进行旅游节庆活动策划时,节庆的主题一定要体现举办地的文化特色,寻求较为宽泛的文化背景支持,坚持创新,把握时代脉搏。以旅游景区的主题形象为中心,从节庆的策划、活动的安排到吸引新闻媒体的传播,都要服从景区主题形象,避免有损于旅游景区整体形象的情况发生。

2. 合理安排节庆项目,丰富活动内容

有的旅游节庆活动,比如传统性节庆活动,由于其鲜明的主题、历史悠久的活动内容等,就不适合安排其他的活动项目,否则容易冲淡主题,影响游客的旅游体验。如在传统的元宵节灯会上,一般都是看花灯、猜灯谜,如有大型的现代歌舞表演,就会让游客产生强烈的冲突感。以休闲娱乐为目的的节庆活动,在项目安排上就要丰富多元,尽量满足游客多层次和差异化的旅游需求。

3. 选择恰当的宣传媒介进行宣传

“酒香也怕巷子深”,旅游节庆活动需要利用各种媒介进行宣传造势,可以运用新闻发布会、现场采访报道、跟踪报道、人物专访等方式把节庆活动的主题、宗旨、意义等让公众知晓,提高社会公众对旅游节庆的关注程度,全面提升旅游节庆的影响力与参与度。

4. 注重旅游节庆活动的延续性

旅游节庆活动能为旅游景区迅速带来丰厚的效益,如旅游人数的增多、知名度的提高等,但任何一个具有竞争力的旅游景区,不仅要追求短期的效益,更要有长远的打算,做好旅游节庆活动的延续性。

景区的节庆活动,如果每年一届,且每年的内容都有创新,就容易在游客心里形成认知与忠诚度。即使别的景区跟风模仿,也不会动摇其霸主地位。

案例参考

案例 1:君山岛节庆旅游营销分析

湖南岳阳市作为中国历史文化名城和中国优秀旅游城市,以其两千多年的悠久历史、灿烂文化和一万五千平方公里的奇特地貌、秀美风光而誉满天下。岳阳市的文化旅游资源得天独厚:有雄踞江南、千古叫绝的岳阳楼,上刻有范仲淹的千古奇文《岳阳楼记》;有世界四大文化名人之一的屈原自沉纪念地——屈原祠;有驰名中外、形如青螺的君山岛;有水天一色、风月无边的洞庭湖;有可与“日内瓦”相媲美的南湖风景区。深入挖掘自身文化旅游资源,打造品牌节庆活动是岳阳进行旅游营销的利器之一,先后举办了浪漫山水爱情文化旅游节、屈原文化旅游节、岳阳楼洞庭湖旅游文化节、中国汨罗江国际龙舟节等结合本土文化特色的节庆活动。2006年7月,岳阳旅游部门开始全力打造君山岛的爱情旅游品牌:2006君山爱情岛旅游文化节。

岳阳之所以能够将节庆营销进行得如此成功,主要是把握住了以下几点:

1. 节庆主题选择精准

洞庭天下水,岳阳天下楼。八百里洞庭湖流传着许多优美动听的传说故事。八百里洞庭湖中的君山岛是国家重点风景名胜区和国家4A级旅游区,孕育了"湘妃泪竹"和"柳毅传书"两大举世闻名的爱情故事,被誉为"世界爱情岛、东方伊甸园"。而爱情是人类最崇高、最圣洁、最美丽的情感,也是人类永恒的主题。古往今来,人类不知演绎了多少惊天动地的爱情故事,写下了多少浪漫的爱情诗篇。有了爱情的人生才是完美的人生,有了爱情的家庭才是和谐的家庭。在国家力倡"构建和谐社会"的今天,打造以"相约君山爱情岛,共谱社会和谐音"为主题的节庆活动和旅游品牌,新颖独特,富有深意。君山爱情岛旅游文化节活动通过爱情这一主题,不仅很好地把节庆旅游与本土独特的文化资源深入结合起来,爱情主题也有利于节庆旅游的关注度和参与度的提升。

2. 打造标志性主题活动

集中优势资源,通过重点培养一到两个强势的标志性主题活动来塑造节庆旅游品牌,同时打造不同类型、互相配合的系列节庆活动,最终才能形成众星捧月的群集效应。在2006君山爱情岛旅游文化节系列活动中,"情满洞庭湖,爱溢君山岛"中国当代十大经典爱情故事评选无疑是主线和主打活动,从2006年7月中旬开始至10月下旬结束。参选故事要求是目前健在人物的真人真事,活动组委会将邀请全国知名专家、学者组成评委会,对应征故事进行层层筛选并对故事的真实性进行严格核实,选出20个入围故事,在《中国妇女报》等相关媒体上展播和刊登,最后通过手机短信、网上投票和专家评选而产生中国当代十大经典爱情故事。同时,邀请著名青年歌手担任君山爱情岛形象大使和本次活动形象代言人,紧紧围绕主打活动开展。

每个节庆活动都有一系列互相配合和补充的各种类型活动组成,除了主打活动外,其他活动只有类型多样才能显示节庆活动的丰富多彩,只有互相配合、紧紧围绕主打活动来进行才能形成合力、彰显节庆品牌。在2006君山爱情岛旅游文化节中,除了主打活动外,在文化节的高潮部分还组织了"2006中国当代十大经典爱情评选颁奖晚会""中国爱情文化论坛""2006浪漫婚庆大典暨2006中国岳阳婚庆用品博览会"等次主打活动以及栽植爱情常青树、在君山爱情岛铸造永久性人文景点——连心锁、中国爱情文化墙揭幕、君山情结签名、君山爱情誓言宣誓等参与性较强的爱情文化活动。这些以爱情为主题的系列活动共同烘托出爱情旅游文化节的浓浓爱意。

3. 节庆活动是个系统工程

节庆活动是一个系统工程,需要大量的支持辅助部门的配合,并不是单个企业能够协调,因此政府主导并且政府强有力的协调能力是节庆能否成功举办的关键。在体制上来说,设立节庆活动管理的专门机构、形成节庆活动的协调机制就成为节庆得以持续举办的重要经验。为了做好君山爱情岛旅游文化节的筹备工作,岳阳有关旅游部门成立了专门的节庆组委会和评委会,从宣传造势、宾馆接待、安全保卫等方面协调相关部门和媒体全力配合。为了本次活动顺利进行,全力打造君山爱情旅游品牌,在评选揭晓暨颁奖晚会之前,岳阳市有关部门还在君山岛开展一系列配套建设,装扮爱情景点,营造浪漫意境,完成爱情常青树种植、中国爱情文化墙揭幕、"君山情结签名"、"君山爱情誓言宣誓"等系列爱情文化活动现场的基本建设以及颁奖晚会的场地选择、舞台搭建、灯光音响设计等工作。前期的"未雨绸缪"为节庆活动的成功举办奠定了良好的基础。

资料来源:君山节庆旅游营销案例分析[EB/OL]. http://www.doc88.com/p-189613451256.html.

案例2：武汉市2012年"十一"黄金周旅游节庆活动方案（节选部分）

一、活动主题

和谐武汉 畅游江城 感受金秋

二、活动时间

2012年9月29日—10月5日

三、活动地点

相关区、东湖、黄鹤楼等市内各旅游景区

四、活动内容

（一）都市风光游

1. 东湖磨山游园会

主办单位：东湖旅游局 咨询电话：87510186

时间：9月29日—10月5日

地点：东湖磨山区

内容：（1）"凤舞楚天风情游"。以楚文化巡游形式为主体，以楚城、楚市、凤标、楚天台等实景为背景，通过古老的乐舞和楚风楚韵的互动表演活动，精彩再现古楚时期的服饰、乐舞、仪式和风俗人情。

（2）"异域炫舞激情游"。来自不同国家和地区的表演团队将以参与性、互动性极强的节目让观众领略异域风情文化。

（3）"荷风水韵生态游"。以自然山水为背景，充分展现东湖风景区的园林艺术、园艺小品及绚丽多姿的季相变幻；以特色花卉园为载体，让游客体会优美独特的生态景观、特点鲜明的水生花卉和精细别致的盆景艺术。

（4）"玩酷运动休闲游"。集娱乐、游玩、竞技、饮食于一体，融入新建的儿童生态乐园、网球羽毛球场、友谊林休闲区、翠微轩茶舍等休闲场所，是运动休闲健康旅游好去处。

......

技能训练

以5人为一个小组，阅读案例1和案例2，参考旅游景区节庆营销的相关知识，为本小组成立的景区策划一次节庆营销活动，并写出该节庆的活动方案。

任务具体要求：

方案要求包括：①节庆活动的名称、主题；②节庆活动的时间、地点；③节庆活动的创意背景；④节庆活动的具体内容安排。

时间：45分钟

课外活动

1. 以小组为单位，完成为××景区安排本年度的节庆活动的计划（以表格的形式完成）。完成后上交老师。

2. 以小组为单位，课下查找我国每年共有多少个法定的节假日（写出日期和节日名称）；查找我国每年有多少个民俗、民族节日（写出日期和节日名称）。完成后上交老师。

项目四　旅游景区游客服务

项目目标

技能点：

熟悉国家、地方的法律法规；熟悉旅游行业规范；熟悉旅游景区服务所涵盖的内容；具备一定旅游景区的服务能力和基础管理能力；有较强的沟通协作、事故处理能力。

知识点：

了解旅游景区服务的工作职责、素质要求；熟悉旅游景区门票的预订和销售、入门接待服务、客流流向和流量的引导、解说旅游景点、回答游客咨询和受理游客投诉等景区服务的相关基础理论知识、服务程序、服务规范和服务方法。

验收点：

通过此项目的学习，学生能够提供门票预订、销售、验票、咨询和受理投诉服务；能胜任景区导游工作，具备一定的沟通协调、事故处理能力，保证未来职业能力的可持续发展；通过合作学习和自主探究学习，具备较强的语言表达能力、社交活动能力及组织协调能力，学会做人、学会共处。

任务一　预订与销售景区门票

热身活动

每到"十一"的节点，不少景区就得被迫开启"拥堵模式"。但据报道，2014 年黄金周首日多个景区遇冷：如首日九寨沟进沟人次 8000 多人，为历年最低；黄山游客与去年同比下降超过三成。不少著名景区遭遇"强冷空气"，原因除了公款旅游减少之外，有旅行社坦言，游客"挤怕了"，所以不敢再凑热闹。这跟人流爆棚相比，无疑是两个极端。如果说景区拥堵降低了游客的旅游质量，也让景区难堪重荷的话，那么游客锐减，景区为应对客流而投入的大量资源就会出现浪费。有什么好的办法能避免这种在节假日景区要不"爆满"要不"爆冷"的局面呢？

知识讲解

一、门票的分类及功能

门票，按字面理解是"入门凭证"，是指提供公众游览参观、科学教育、文化娱乐功能等场所印制的带有宣传、留念性质的入门凭证。

（一）门票的分类

1. 按门票的性质分类

（1）单张门票。

我国大多数景点使用单张门票的门票形式，其中又以单张纸质的门票居多。早期的单张门票设计简单,缺乏美感,不利于游客收藏。现在的单张门票,追求票面精美,构思巧妙。

(2)联票。

它是在单张票的基础上发展起来的,将普通门票和特殊参观点门票或相邻的游览参观点门票合并成一张门票。这种门票借鉴邮票的设计方法,几张单张门票联成一体,组成一幅完整的画面。票与票之间以虚线分开,每一张又自成一体,形成独立画面。每张都有单独价格,购买时,既可购买联票,也可以于虚线处撕开购买单张票。

(3)套票。

套票指材料统一、规格一致、与景点相关的两张以上的门票。套票又分为两种:一种指某个活动或景点比较完善的门票,另一种是多景点套票和一景点套票。多景点套票就是同一地区的景点统一设计的几种门票。一景点套票,就是一个景点统一设计几种门票,交替使用。

(4)通票。

旅游通票是由若干景区按照一定规则将门票组合而成。我国多省市都已推出旅游通票,满足公众的旅游需求,有效组织和分流客源,促进各景区协调发展,从而实现“多赢”。

(5)儿童票。

这种门票是针对儿童而言,每个景区的儿童票的规定是不同的。儿童票的标准是按照身高来衡量,不少景区规定 1.2 米以下的儿童免费,身高 1.2—1.5 米的儿童收成人费用的一半。

(6)年票(卡)。

这是为那些长期入园游玩的游客或与景区建立长期关系的顾客群体而设立的一种票。如深圳欢乐谷设有单人行、亲子游、合家欢三种主要的年票,另外还有针对喜爱极限运动的人而设立的极限运动 VIP 年票。

(7)优惠票(券)。

优惠票(券)是指景区用来促销或针对某种群体实行优惠的门票,如学生、老人、军人等。

2.按形式分类

按照门票的各种不同式样分类,如纪念币式、票证式、明信片式、书签式、请柬式、地图式、磁卡式等。深圳锦绣中华、人民大会堂、雍和宫用的是小如名片的光盘门票,游客可以在电脑上阅读它的内容,而条码技术又可有效防伪;张家界、平遥古城、河南云台山等用的是指纹门票,技术含量业界领先,指纹门票具有科学、安全、规范的优点;颐和园推行隐形门票,交钱后手上沾有隐形液的图章即可入园,肉眼看不到任何痕迹,但在紫光灯的照映下,游客的手背上就清晰地显现出一个蓝色印记,24 小时后自动消失,对人体无害;苏州拙政园已启用二维电子门票,游客可先在网上订票,网上支付后,便可下载相应的二维条码到手机上,持手机直接扫描入园,无需再排队购票。

(二)旅游景区门票的功能

1.收藏功能

首先,门票记录了历史。这其中既有游客游览景区的经历,也有景区的发展史。其次,通过收藏门票,能丰富人们的知识。再者,有些制作精美的门票本身就因其艺术性而具备收藏价值。另外,通过收藏门票,还能收藏、了解到民俗文化,积累各方面的知识。门票收藏已经成为收藏的一个专门类别。

2.广告功能

广告功能即宣传企业形象。对景区来说,景区门票还是一种不花钱的广告,对宣传和扩大景区的知名度有着很大的帮助。有些景区将成套的门票包装成册,用于宣传珍藏,如昆明世博园门票册、九寨沟门票珍藏册、北京颐和园门票册等,一册在手,美景全拥有。

3.基本功能

基本功能即入场凭证。门票是参观旅游的凭证,有利于景区管理的规范化、科学化,有利于维持景区的治安。收费的门票还帮助景区扩大收入。

4.导游功能

不少门票上还印有景区的介绍和游览路线图(或全景图),可作为旅游的向导。景区门票上往往还印有"注意事项",提醒游客相关事项,对游客的行为有劝诫的作用。

5.其他功能

有的门票印成书签,系有丝带或打孔后自己栓上丝带。还有的门票,印制成明信片,其作用与普通明信片相同,一面印有景区图或介绍,另一面为明信片。其右上角有邮资(不需另外贴邮票),左上角有写邮政编码的红方框,左下角印有国家邮政局发行字样,右下角为邮政编码字样,可在旅游中邮寄,也可带回作收藏。

二、订票服务

订票工作是景区实现收入的预先环节,近年来随着旅游客源的丰富,我国特有的自然气候和公休制度造成的旅游旺季的存在,预订景区门票已经被各地景区纳入票务服务管理的范围之内。根据西方旅游区的管理经验,景区预售门票必将成为一种趋势,对景区游客接待、环境管理各方面都有较好的作用。

(一)订票范围

景区景点订票范围一般包括两类:一是该景区景点的门票,这在景点订票中占了绝大多数;二是与景区景点相配套的其他服务票,如景点观光车票、酒店住宿、餐饮、旅游纪念品预订以及其他预订功能。

(二)订票渠道

1.网上预订

自1999年出现国内首家旅游咨询网站后,近些年来旅游网站发展速度很快,专业网上订票的网站很多,各景区景点也纷纷开设网上预订业务。

网上预订程序一般为:首先填写预订人信息,以便及时确认订单,一般需要提前一天或数天以上进行预订;预订的有效证件是指身份证、学生证、老年证、士兵证、护照等,有效证件号码是预订人到达景点购买门票的唯一凭证;预订人到达景点售票处后,告知景点是通过何种订票机构预订的,可以购买到相应门票。网上预订门票的票价视各订票机构而定,有些是全价票,有些是优惠折扣票,有些网站收取订票费用,有些网站不收取任何费用。

2.电话订票

电话订票为各景区经常使用的订票方式。办公电话可设置在售票处,但一般由游客中心咨询处受理电话订票事务。电话订票一般不接受少量票的预订,例如香港迪斯尼乐园有专门的订票热线,但只是针对100名以上的大宗游客而服务。

电话预订程序和网上预订相似,首先电话询问、填写预订人信息,也需要提前预订,需要有效证件作为取票凭证,并确定和落实取票方式和地点。

3.代理点订票

在各大城市中,代理点订票逐渐成为最为普遍的订票方式。这是迎合散客越来越多的旅游趋势的。

(1)旅行社代理点。游客可以通过客源地的当地旅行社或者目的地旅行社了解景区景点的相关信息,并实现预订功能。

(2)宾馆代理点。不少景区景点和其所在城市的各大宾馆合作,游客可以通过其住宿的宾馆,在其住宿期间预订景点门票。

(3)商场代理点。在城市最繁华的商场密集群和大型超市集中地,往往设立有景区景点的门票预订代售窗口。

(三)订票流程

不管采用以上何种订票方式,其基本的预订流程是相似的。

1.填写预订日期

当游客打入订票电话热线或成功登录电子商务网站后,首先选择预订景区,再选择预订日期。

2.选择要订购的票务类型和数量

票务类型指团队票或散客票、成人票或儿童票、普通票或优惠票等分类,不同种类票价因情况不同而有所不同;数量指订票人实际需要预订的票的张数。

3.填写领票人信息

领票人是订票过程中最重要的直接联系人,需要将其确切信息详细记录备案,订票是否确立以及何时何地来领票都需要凭此信息进行传递。

4.确认订单

订单是否成功,自订票开始到信息反馈的时间跨度,要视具体情况而定。有些网站预订时,可以即时查阅是否预订成功的信息,但也有一些网上订票或现场订票需要一定的等待时间,尤其是在旅游旺季等特殊时期。

5.网上或现场支付

如选择网上支付,在欲支付银行右边点击"在线支付",将进入银行的在线支付系统。如支付成功,将提示"交易成功",订单状态从"未支付"改变为"已支付"。操作完成后,未获得上述提示,则说明预订支付不成功,需要直接登录该银行的网上银行操作界面,查看该订单是否支付成功,或者与网站系统管理人员联系。

6.现场取票

当订单支付成功后,订单状态为"已支付",即可以在规定时间内由取单人到指定的领票点取票。取票时取单人必须提供订单号和订单上所注明领票人的有效证件。例如旅行社的取单导游到现场取票,则需提供该导游本人的导游证,并现场报出订单号才能取票。

尤其需要注意,景区门票有一个阶段的预订时间,最早只能提前 15 天左右,同时预订时间与出票时间不得少于 1 小时,到出票口取票时间视不同景区而定。

三、旅游景区售票服务

这里介绍景区直销中的传统售票服务规范及流程。

(一)售票员职业规范

(1)按时上班,坚守岗位,履行岗位职责,积极完成售票任务。

(2)售票工作中要注重礼仪仪表,说话文明、礼貌待人、热心为游客服务。

(3)售票过程中要认真负责、动作迅速、准确无误,确保钱票无差错。

（4）售票回笼的现金（大面额钱要检验是否有伪钞）清点后要及时上交。票款要做到日清月结,严禁坐支（售票的现金收入直接用于现金支付）和挪用,库存现金按规定定额入保险柜保管。

（5）售票处要严格执行门票管理规定,坚决杜绝擅自加价、降价和逃票、漏票现象,做到唱收唱付（收款时要唱票"您的商品多少钱""收您多少钱",找零时要唱票"找您多少钱"）。

（6）负责组织持票游客有序进入景区,防止拥挤,及时处理好检票中的突发事件。

（7）做好旅游车辆登记工作,按规定标准足额收取停车费。

（二）售票前准备工作

售票前,售票员需做好以下准备工作:

（1）穿着工装,佩戴工牌,按规定要求签到。提前 15 分钟到岗,有事需提前 24 小时请假。

（2）查看票房的门窗、保险柜是否正常。

（3）做好票房内及售票窗外的清洁工作。

（4）开园前挂出当日门票的价格牌。若当日由于特殊原因票价要变,应及时挂出价格牌及变动原因。

（5）领班根据前日票房门票的结余数量及当日游客的预测量填写门票申领表,到财务部票库领取当日所需各种门票,票种、数量清点无误后领出门票,并分发给各售票员。

（6）根据需要到财务部兑换所需的零钞。

（三）售票工作流程

（1）游客购票时应热情服务,主动问好,并询问客人需要购买的票种和票数。售票人员应掌握识别伪钞的技能。

（2）游客付款时应做到准确、迅速将票款收清并将门票及应找零钱递给游客,票面应盖有效日期章。如客人符合优惠条件,主动向客人介绍优惠方案。

（3）主动向闭园前一小时内购票的游客提醒景区的关闭时间以及景区内仍有的主要活动。

（4）游客购错票或多购票,在售票处办理退票手续,售票员根据实际情况办理,并填写退票通知单,以便清点时核对。

（5）旅行社购团体票时应查阅对方与本单位的购票协议及派团单或出团计划书。

（6）认真、仔细、按规定填写发票。

（7）交接班时认真核对票款数量,核对门票编号。

（8）热情待客,耐心回答客人提问。

（9）收集客人意见,向上级领导反映。

案例参考

案例 1:《旅游法》实施将使景区门票在线预订加速普及

2013 年 10 月 1 日正式实施的《旅游法》首次以法律的形式对旅游景区游客承载量作出了规定,明确要求旅游景区接待的游客量不得超过景区主管部门核定的最大承载量。这一规定无疑将对国内的旅游景区经营管理和游客的旅游习惯带来影响。

《旅游法》第 45 条规定:"景区接待旅游者不得超过景区主管部门核定的最大承载量。景区应当公布景区主管部门核定的最大承载量,制定和实施旅游者流量控制方案,并可以采取门票预约等方式,对景区接待旅游者的数量进行控制。旅游者数量可能达到最大承载量时,景区应当提前公告并同时向当地人民政府报告,景区和当地人民政府应当及时采取疏导、分流等措施。"

对于违反上述条款的处罚措施,《旅游法》第 105 条明确规定:"景区在旅游者数量可能达到最大承载量时,未依照本法规定公告或者未向当地人民政府报告,未及时采取疏导、分流等措施,或者超过最大承载量接待旅游者的,由景区主管部门责令改正,情节严重的,责令停业整顿 1 个月至 6 个月。"

那么这些有关旅游景区最大承载量的条款将对"十一"后的景区经营和游客出游造成怎样的影响呢?

"新法要求景区必须在最大承载量之下接待游客,这意味着景区在特定时段内可售出的门票是有限的,从而也就意味着高峰时段的热门景区门票很可能出现'一票难求'的局面,那么提前预订这些热门景区的门票将会变得非常有必要",同程网 COO 吴剑女士坚信《旅游法》的实施必然会使景区门票预订的需求大增,她认为,"这将成为景区门票在线预订加速普及的一个重要刺激因素"。另外,最大承载量的限制必然会迫使一些景区上调门票价格以弥补限流的损失,"门票柜台价上涨之后,在线预订打折门票将会成为很多价格敏感型游客的首选",吴剑女士进一步分析道。据了解,目前国内所有的景区门票第三方预订平台提供的门票九成以上均有不同幅度的折扣,总体折扣幅度在 3~8 折之间。

目前国内景区门票的预订可通过景区官方网站、第三方预订平台以及旅行社三个渠道实现,个别地区可提前购买旅游年卡或通票。在所有这些渠道中,第三方预订平台是近年来增长速度最快的,目前每年售出的门票数量接近 1000 万张,年增长率超过 40%。相比之下,景区的官方网站因网站承载能力和订单处理能力的限制而无法满足大规模在线预订的要求,越来越多的景区也因此纷纷与第三方平台合作以满足游客在线订票的需求。综合来看,由《旅游法》实施所带来的门票在线预订增量将大部分被第三方预订平台消化掉。按照吴剑女士提供的数据,目前国内可通过第三方平台预订门票的景区接近 1 万家,约为景区总数的 40%,几大平台可满足千万级的高峰访问需求,完全可以满足广大游客节假日期间的门票预订请求。另外,目前所有的第三方预订平台均可通过电话、网站、手机客户端等多个渠道实现实时预订。

资料来源:《旅游法》实施将使景区门票在线预订加速普及[EB/OL]. [2013 - 08 - 29]. http://mobile.cctime.com/html/2013 - 8 - 29/2013829/030495654.htm.

案例 2:落实门票预约制,5A 景区应先行

每到"十一"的节点,不少景区就得被迫开启"拥堵模式"。但据报道,今年黄金周首日多个景区遇冷。不少著名景区遭遇"强冷空气",原因除了公款旅游减少之外,有旅行社坦言,游客"挤怕了",所以不敢再凑热闹。这跟人流爆棚,无疑是两个极端:如果说景区拥堵降低了游客的旅游质量,也让景区难堪重荷的话,那游客锐减,景区为应对客流投入的大量资源就会出现浪费。

基于此,采取门票预约的方式,以平衡客流也在流量控制中避免拥堵,当尽早提上日程。前不久国务院发布的《关于促进旅游业改革发展的若干意见》中,就专门提到"抓紧建立景区门票预约制度,控制游客最大承载量"。

实行门票预约制作用可期,但也应看到,受黄金周期间消费势能急遽释放、门票经济依赖等因素的影响,很多景区撑死都不"限客"。揆诸当下,门票预约制推广面也很有限。在此情境下,5A 级景区显然应充当先行者,尤其是那些文物保护类、生态类及管理难的著名景区,更应将其早日付诸落实。

毕竟，"十一"期间游客爆棚的景象，基本上只发生在 5A 级景区。多个景区国庆首日遇冷，不过是为以往"疯堵"埋单而已。国家旅游局发布的《2011 年全国 A 级旅游景区发展报告》显示，2011 年全国景区接待游客规模前 50 位的，基本上都是 4A、5A 级景区，平均接待规模达752.52 万人次，最低也达 423.82 万人次。占比约 1% 的 5A 级景区，承担了全国旅游景点一半的客流量。

而要落实门票预约制，自然有不少基础工作要做：要限量接待，就必须在对景区进行环境承受能力测定的基础上，对合理容量科学估算；还要建立配套的预约信息系统，建立类似酒店的预付价格机制，能接受电话专线、网上在线的预约，像山东省近日就推出覆盖省内 120 家景区的旅游电子票务系统，将原来旅行社散乱的验票方法纳入统一系统，游客可通过系统接入的各个销售渠道预订门票。此外，还要建立常态化的信息发布制度，及时发布景区的管理制度、承载量与实时流量情况、出行预警及其相关服务内容等。

当然，眼下公众"说走就走"和"排队购票"的旅游习惯，一时仍难完全改变，所以对于景区管理者，还须通过媒体、网络等媒介进行预约相关宣传，并设置切换的过渡期。在这方面，莫高窟的经验可资借鉴：它自 8 月 1 日起，实施网上预约售票，在 1 个月的过渡期内，每天留取少量零售票；9 月起，景区售票处将关闭，全面实行预约制。

以门票预约应对拥堵、保证客流平衡，是景区治堵也是"御寒"的可取方式，在这方面，5A级景区应充当排头兵。

资料来源：落实门票预约制，5A 景区应先行[N].新京报，2014-10-03.

案例 3：莫高窟参观预约网预订须知

1. 游客注册成为莫高窟参观预约网会员必须接受莫高窟参观预约中心提供的服务条款，并对网上订票的全部过程和内容负责，同时须提供真实、准确的个人信息资料，若信息有任何变动，应及时更新。

2. 莫高窟参观预约中心网站目前提供莫高窟景区门票购买。

3. 在网上预订莫高窟门票，请务必准确输入订票人、取票人信息及联系方式，如因资料不详或不正确而造成购票后的一系列经济损失，均由游客自行承担。

4. 在网上预订并通过网上银行付款后将得到唯一的订单号，凭此订单号和订票人身份证件可取票，游客必须妥善保存此订单号。如游客或订票人未能妥善保管订单号或出示有效身份证件，导致游客未能及时拿到门票，莫高窟参观预约中心不承担任何责任。

5. 取票时，游客出票时必须向售票人员提供订单号及有效身份证件（代别人取票时还须出示取票人的有效身份证件），经售票人员确认无误后，方可取到门票，游客拿到门票后应仔细核对门票上各项内容。目前提供以下两种出票方式：

网上支付订票：必须在 45 分钟内完成网上支付。超过 45 分钟，莫高窟参观预约中心将不保证订单仍然有效。

团队：使用网上支付订票时必须凭取票人身份证件原件（团体票提前一天出票）。

散客：①到敦煌市内"莫高窟参观预约售票中心"售票柜台办理取、购票的游客须在主题电影开场前 1 个小时；②所预订的主题电影开场时间前 30 分钟，到达莫高窟数字展示中心售票处办理取票业务。

6. 因部分条件限制，某些情况下，莫高窟参观预约中心可能会和游客协商调整取票方式，请游客见谅。

7. 选择网上支付的游客可通过本网站提供的支付平台连接至各大银行网银页面进行支付。

8. 莫高窟参观预约中心保留对恶意订票的会员取消会员资格及进一步追究有关责任的权利。

9. 门票变更、签转和退票：

①游客需要对门票进行变更、签转或退票，须遵照《莫高窟门票退票规定》等有关规定办理退票手续。

②若游客已进行网上支付但未取得门票，可在网上直接申请退票，并按照相关规定办理，详见网上退票须知。

③已出纸质出票，一经售出，概不退换。

莫高窟参观预约中心保留本须知的最终解释权。

资料来源：莫高窟参观预约网预订须知[EB/OL]. http://www.mgk.org.cn/index.htm.

技能训练

以5人为一个小组，阅读案例1和案例2，参考有关订票和门票销售的相关知识，将案例3中莫高窟参观预约网上预订的过程绘制成直观的莫高窟网络订票流程图，可以使游客更直观、更有效地了解网络订票及现场取票的流程。

任务具体要求：在绘制订票及取票流程图时，用几个关键字概括出流程每个步骤的重点及需要注意的问题。

时间：45分钟

课外活动

各小组在完成课上任务之后，讨论并设计订票或售票情境，2人为搭档，在课堂进行角色扮演，展示门票服务流程。其他小组针对其展示的服务质量进行评价。各小组根据其他小组评价进行自评和总结。

任务二 景区验票及排队服务

热身活动

逃票是景区与游客常见的一种博弈。网上有众多教人们如何逃票的文章，甚至连《全国景点逃票大全》都有了。很多景区为逃票现象头疼不已，尤其是客流量巨大的黄金周，连协助逃票的生意都很火。景区加派人手围追堵截，甚至建铁丝网，也不能杜绝逃票现象。你认为景区面对这样的状况该如何应对呢？

知识讲解

一、验票服务

游客游览景区必须出示门票，经验票员验票后方可出入景区。验票员应按以下操作规范进行验票：

（1）验票人员衣着整齐，态度和善，验票要准确、迅速，并使用标准普通话及礼貌用语。

(2)熟悉本景区门票价格及优惠规定,熟悉免票、优惠票的条件并按要求查验,熟悉景区常用证件。

(3)对于持团体票的游客,实际人数与票据人数相符的,应加盖验票人员检章后放行。

(4)对于散客实行一人一票制,验票人员应在本部门检验的位置上打孔,不得错打在其他景点的检票位置,打孔后放行。

(5)当游客不能出示门票时,验票员要热情礼貌告知游客到相应的购票处购票。

(6)对在景区内提供旅游服务行业(如餐饮、娱乐、零售等)的从业人员,凭本人工作证进入景区。

(7)集中保管门票副券,当天副券投入副券箱,每月底由主管开启销毁。

(8)对发生强行入内或围攻等紧急情况时,验票员应及时与部门领导联系,交由领导安排处理,不得因此中断验票。

(9)遇有突发紧急情况(抢险、灭火、急救)急需进山的人员,由上级及有关部门通知,各检口按通知要求放行。来不及通知的,各检票口可先放行再汇报。

验票员应认真遵守景区制定的有关规章制度,认真负责,敢于坚持原则,严禁利用职务之便私自放人进入景区。售票、验票人员更不得出售假票、废票。贪污、受贿及挪用票款者,一律予以除名,并移送司法机关依法处理。售票、验票人员要主动接受旅游行政管理部门和执法人员的监督检查,自觉改进工作方法,提高工作效率,维护景区形象。

二、排队服务

游客进入景区后接受的第一项服务就是景区排队服务。排队服务质量的高低会影响到游客对景区管理科学性的评价,如果分流措施不力,会降低游客的满意度,影响景区的声誉。“管理排队”,在某种意义上成为景区提高顾客满意度、加大竞争优势的一种营销措施。

(一)排队心理

对等待心理的实验主义研究最早可以追溯到 1955 年。其中,大卫·迈斯特尔(David Maister)在 1984 年对排队心理作了比较全面的总结和研究,他提出了被广泛认可和采用的等待心理八条原则。另外,在此基础上,M.戴维斯及 J.海尼克在 1994 年和 P.琼斯及 E.佩皮亚特在 1996 年分别对顾客排队等待心理理论又加了两条补充:

(1)无所事事的等待比有事可干的等待感觉要长。

(2)过程前、过程后等待的时间比过程中等待的时间感觉要长。

(3)焦虑使等待看起来比实际时间更长。

(4)不确定的等待比已知的、有限的等待时间更长。

(5)没有说明理由的等待比说明了理由的等待时间更长。

(6)不公平的等待比平等的等待时间要长。

(7)服务的价值越高,人们愿意等待的时间就越长。

(8)单个人等待比许多人一起等待感觉时间要长。

(8)令人身体不舒适的等待比舒适的等待感觉时间要长。

(10)不熟悉的等待比熟悉的等待时间要长。

了解排队心理之后,景区可以采取措施对游客关于等待的认知施加正面影响。首先,景区在排队管理时要遵循以下几项原则:第一,公平性原则,杜绝插队现象;第二,重要性原则,如果是 VIP 或老主顾,可以考虑单独开辟售票点;第三,紧迫性原则,如果游客确实有急事,可以考虑优先放行。

在遵循以上原则的基础上,景区可以采取一些具体措施使游客对排队等待更有耐心。

(1)积极与游客进行沟通,帮助游客克服在等待中可能产生的焦虑情绪,并尽可能准确告知他们需要等待的时间。例如,景区准确告知正在排队游客等待时间,并关注等待之中的游客,隔一段时间可以为游客送上一瓶矿泉水以表示他们没有被忘记。

(2)为游客建立一个舒适的等待环境,使等候时间变得令人愉快。如设置专门的等候区,并将其布置得宁静、素雅,播放舒缓的轻音乐,适当时候可赠送游客茶水、小食品等。

(3)尽量使游客等待的时候有事可做,并使得等待更为轻松有趣。例如:泰山索道的排队区设计有座位,有电视介绍泰山美景,提供免费茶水。云南丽江的玉龙雪山在旅游景区内的候车厅,旅游者可以看电视、听音乐,在乘索道的地方,旅游者可以听到广播里有关雪山的介绍,周围墙壁上布满了有关雪山、冰川等的图片和文字介绍。

(4)不直接参与游客服务的员工和资源,避免让游客看到。如果在等待的时候,能够进入他们视线的每个员工都在忙碌的话,游客会更耐心一些。相反,如果看到有些资源闲置在一边,游客会感到不耐烦。

(二)排队队形安排

排队的队形应根据景区的游客流量、游客集中程度、热门参观点、排队项目点、排队区地形等特点来安排,符合客流规律的队形有助于提高排队效率。一般可将队形分为单列单人、单列多人、多列多人、多列单人、主题或综合队形等五种形式,如图4-1所示。

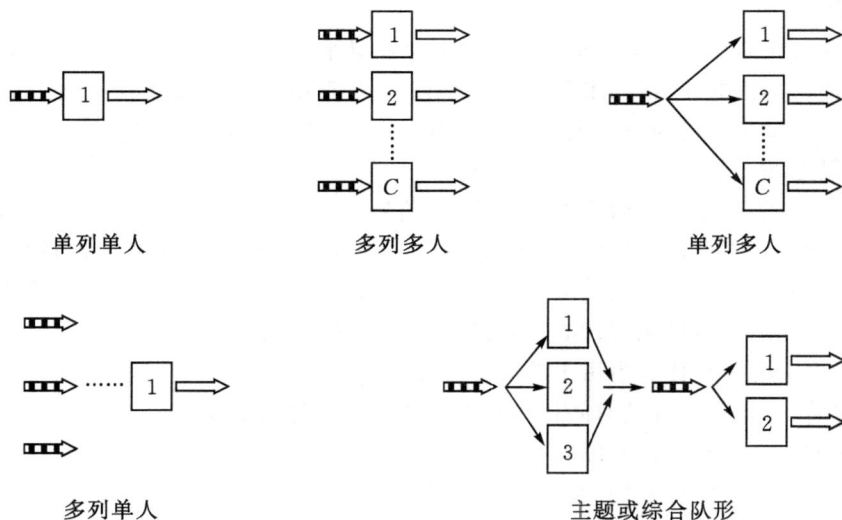

图 4-1 排队队形安排

1.单列单人队形

这种队形只设一名检票员,游客排成单列。优点是人工成本低,缺点是游客等候时间难以确定,而且游客的视觉受到阻碍。可以通过设置座位或护栏、标明等候时间来加以改进。

2.单列多人队形

这种队形设置多名检票员,游客排成单列。优点是接待速度快,缺点是人工成本增加。队列后面的游客仍然感觉视线较差。可通过将队列从纵向改为横向来加以改进。

66

3. 多列多人队形

这种队形设置多名检票员,同时游客排成多列。优点是接待速度较快,视觉进入感缓和,适用于游客量较大的场合。缺点是人工成本增加,队列速度可能不一。改进措施:不设栏杆可以改善游客视觉进入感。

4. 多列单人队形

这种队形只设一名检票员,游客排成多列。优点是视觉进入感缓和,人工成本低。缺点是栏杆多而导致成本增加,游客需要选择进入哪一队列。改进措施:外部队列位置从纵向改为横向,可以改善视觉。

5. 主题或综合队形

这种队形设置两名以上的检票员,队列迂回曲折,一般游客排成单列。优点是视觉及时改善,有信息展示空间和时间,适度降低了排队的枯燥感。缺点是增加了硬件建设成本。可通过将单列变双列来加以改进。

三、景区电子票务系统

景区电子票务系统是以当代数据技术与通信技术为基础,结合智能卡与身份识别技术作为主要手段的高科技信息化综合处理系统。它具有形象现代化、管理一体化、信息实时性、防伪可靠性、核算严密性的特点。电子票务系统使传统手工售票工作电子化,同时实现票务管理工作走向全面自动化、规范化,能够从根本上解决票据查询难、售票劳动强度大的现状,提高票据管理效率和对客户的服务质量。

电子门票系统由中央控制系统、售票系统、验票系统等三部分组成。中央控制系统由服务器与若干台计算机管理工作站组成,它主要起管理、决策和财务核算作用;售票系统由若干台计算机售票工作站和电子门票发卡机组成,它主要完成电子门票售票及与中央控制系统的数据通信功能;验票系统由计算机监控工作站和电子门票通道控制器组成,完成对通道控制器实时监控及与中央控制系统进行数据通信功能。二维电子门票的订票流程如图4-2所示。

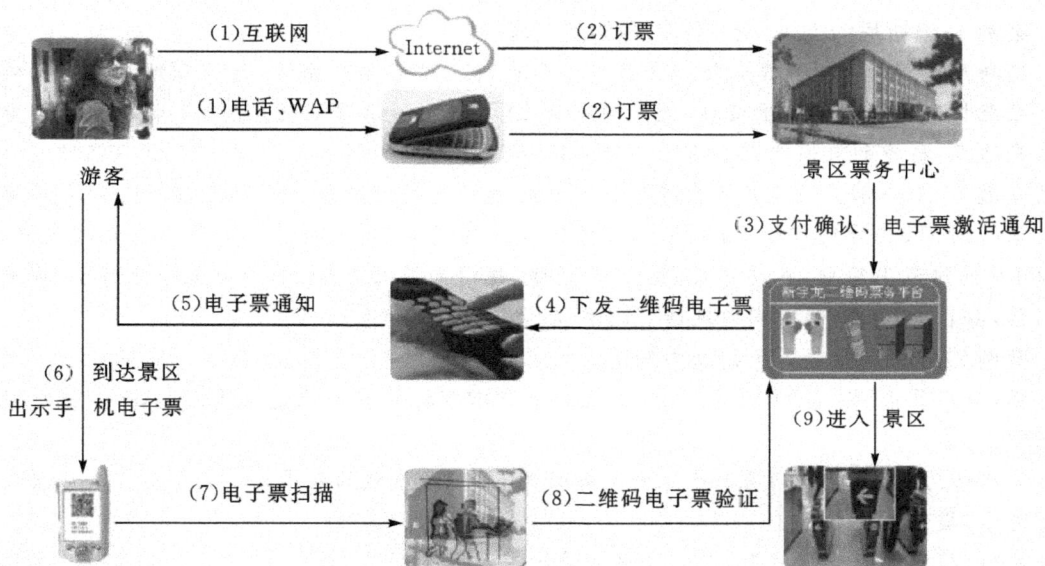

图4-2 二维电子门票的订票流程

整个系统涉及重要部件除计算机网络外,还包括电子门票、电子门票识别系统、通道控制系统。电子门票最常见的有光盘形电子门票及磁卡(IC卡)电子门票。识别系统主要分数字指纹、射频及条码识别技术。通道控制系统可分为自动控制三杆机通道、人工扫描识别通道等。图4-3为景区门禁通道闸机。

图4-3　景区门禁通道闸机

案例参考

案例1:迪斯尼的 Fast Pass(FP,预约直通车)

迪斯尼的预约直通车是为缩短等候游乐和表演而设的排队系统,持有预约直通车的游客只要按照指定时间到达游乐设施,就无须排队,直接进入游乐设施或表演场。游客每次只能取一张直通车,持有的直通车上会有下一张直通车何时领取的提示。游客不可以连续拿两个景点的直通车,下一张直通车必须在这张直通车所指示的时间领取。预约直通车可以帮助游客节省很多时间,在等待期间,游客可以慢慢玩人少的游戏,到了预约时间段再去玩指定游戏。领取FP的过程很简单:直接进入FP登记区域,将门票插入FP机口,FP便自动弹出,同时退出门票,要在FP指示的时间内玩指定的游戏。

案例2:电子门票让景区管理更规范

据《北京晨报》报道,2014年8月,游客进故宫有望持票刷卡就能快速通过,如同乘地铁一样简便。

笔者认为,启用电子门票将带来一系列好处,其中最直观的效果是提高游客在各个关口的通过速率,提升参观效率。

此前,旅游出行高峰时期,在一些热点景区游客大量聚集,排"长龙"等待检票进景区的场景屡见不鲜,这既增加了景区的管理负担,也影响了游客的旅游质量,是人们在旅游过程中最不愿意遇到的情形之一。若电子门票能得到推广,景区的关口通过效率必将大大提升,这种拥挤、低质的旅游状态也有望得到大幅的改善。

启用电子门票,还可以对"倒票""卖假票"等违法犯罪行为起到遏制作用。一直以来,一些著名景区是游客热衷的旅游目的地,同时也是部分"黄牛党"生财发家的"福地"。纸质门票因多数采用不记名方式销售,无疑方便了"黄牛"的倒买倒卖和假票的制作传播,给其违法犯罪行为提供了可乘之机。若全面采用电子门票,倒卖和制假的成本必然增加,对此类非法牟利的行为必然形成一种有效的打击。

不仅如此,启用电子门票还有助于景区的管理运营走向规范化、技术化之路。在电子门票包含的信息中,对游客的购买时间、进门时间、游览时长甚至游客身份信息等都有详细的记录。据此,景区在避免超负荷运营、合理规划管理力量和服务人员配置等方面可以有很多改进,电子门票对于景区分析客流情况、提升服务管理水平的巨大益处得到充分体现。另外,一旦发生各类事件,景区和相关部门也可以依据电子门票记载的相关信息,追查处理问题,将极大改善热门景区混乱的人员管理状态。

随着人民生活水平的不断提升,旅游已成为人们生活的重要部分,但在民众空前高涨的旅游热情背后,却是不少景区相关管理运营手段滞后等现实问题。故宫电子门票的启用,迈出了大型旅游景区管理依靠科技,走向规范化、技术化的第一步。

如能对电子门票加以合理推广和改良,依据采集到的数据,发挥其科学便利性,电子门票还能产生更多更有益的作用。先进、规范的管理运营方式,必将促使旅游市场服务质量的提升和服务秩序不断好转,最终推动旅游业持续健康发展。

资料来源:侯坤.电子门票让景区管理更规范[N].中国旅游报,2014-C4-21(2).

技能训练

任务背景:十一黄金周马上就要来到,景区每年在此期间都会遇到逃票者屡禁不止,景区门口排队验票的队伍浩浩荡荡,游客怨声载道的情况。

以5人为一个小组,阅读案例1和案例2,参考有关验票的相关知识,结合实际,通过小组讨论制订一份景区黄金周杜绝逃票和游客快速进入景区的解决方案。

任务具体要求:

方案包括:杜绝逃票的应对策略;景区验票的方式及排队区的管理和队形安排;游客排队的服务与管理等。

时间:45分钟

课外活动

分小组考察当地一个旅游景区,调研该景区是手工验票还是使用电子门禁系统,景区又是如何提供验票服务的。认真观察该景区的验票工作流程,对该景区的验票工作进行分析和总结。对其不合理、不完善之处提出改进措施,撰写一份建议书。

任务三　回答景区游客咨询

热身活动

　　游客初到一个陌生景区,总会感到茫然和无助,为游客提供帮助、解答疑问是景区必须提供的一项重要服务,那么游客经常会围绕哪些问题提问呢?作为景区的服务人员又该如何去解答呢?

知识讲解

　　咨询服务是指景区为游客提供查询相关信息,了解景区内的节目预告、场地安排、导游讲解、团队接待、气象信息、交通、酒店和餐厅地理位置等信息询问的服务。按照咨询方式的不同,主要分为电话咨询服务、游客服务中心咨询服务和网站咨询服务。

一、电话咨询服务

　　随着社会的发展,电话作为现代社会中快捷、高效的通信工具,已经成为人们在日常交往中交流思想、洽谈业务、沟通信息最重要的渠道,也是交往过程中使用最频繁、最重要的沟通方式。因此游客在了解景区的渠道中,电话咨询是必不可少的,电话服务的好坏可以同样影响到一个景区的整体形象。因为在电话服务过程中,一个人的态度、表情、举止、语言、内容以及时间的把握都会给对方留下一个直观的印象,这一印象被称为是“电话形象”。电话形象可以说是个人文明修养及企业良好形象的组成部分。因此负责接待游客的电话咨询和投诉的工作人员应当重视电话使用艺术。

　　1.接电话的礼仪规范

　　(1)尽快接听电话。电话铃响后,应该放下手中的工作做好接电话的准备,电话铃响三下之后立即接听。不要铃响的第一下就接听,对方可能还没有做好准备;不要故意拖延,若一时腾不出空,铃响超过三下后再接,拿起电话后就应先向对方致歉:“对不起,让您久等了。”

　　(2)拿起电话先问候。接听电话后第一句话应该是先向对方问好,然后自报单位名称及所属部门:“您好!这里×××景区,请问有什么需要帮忙吗?”“您好!这里是×××景区,很高兴为您服务。”而不是拿起电话就直接问“找谁?”

　　(3)接听电话过程。电话接听的过程中,应当注意力集中、耐心倾听对方的讲话,并及时作出反馈,比如可以偶尔插上“嗯”“好的”等肯定的话语。

　　(4)咨询服务电话。电话旁边应该备好记录用的办公用品,如咨询服务记录表和笔,确保在工作区域内能够随时记录咨询内容和需要转达、通知等的通话内容。如果在服务过程中遇到需要查询的情况,切忌让对方拿着听筒干等,需要较长时间时,应不时用电话和对方说:“请您稍等片刻”或“请挂了电话,我过会儿再打给您”。另外,在通话过程中,应当边听、边询问、边记录。

　　(5)转接电话。如果接电话的工作人员不是受话者时,若要找的人在附近,请对方稍等后,把话筒轻轻放下,走到受话人身边通知对方。不能话筒尚未放下就大声喊“×××,你的电话!”这样是很不礼貌的,应当礼貌地说“请您稍等”。

　　如果受话者不在,不能把电话一挂了事,应耐心地询问对方,是否需要回电或转答,若需要则记录下来,以便转答。

(6)打错电话时。当接到打错电话的情况时,服务人员不能对其呵斥或者很不礼貌地将电话挂掉。应当有礼貌地回答:"对不起,您打错了,这里是×××景区。"这样既为景区作了宣传,还给对方留下好的印象。

(7)通话结束时。通话即将结束时,服务人员向对方说"很高兴为您服务"或"祝您玩得愉快"等祝福语后,等对方先挂电话后再轻轻放下话筒,切忌"啪"地扔下电话。

2.打电话的礼仪规范

景区服务人员接到的咨询电话如果不能当即回答的,应当问清楚以后在第一时间回复给咨询者,此时也应做好相应的礼仪规范。

(1)确认电话号码。拨打电话前再核对一下电话号码,确认无误以后再拨打。

(2)电话接通以后,先问候对方,再确认是否是受话者。"您好,是杭州的张小姐吗?"如果是受话者,则先作自我介绍。自我介绍需要包括单位的全称或者规范的简称和打电话者的姓名。自我介绍完毕后转向正题。如:"您好,张小姐。我是×××景区的×××,针对您刚才提的问题,我经过进一步咨询以后……"如果不是受话者,感谢对方请受话者来接一下电话。

(3)注意通话的长度。通话时间宜短不宜长,电话礼仪中有一个规则,叫做"电话三分钟原则",主要是指在工作当中,要注意把握好打电话的时间,工作时间大家都比较忙,打电话时把要交代的事情讲明白,说清楚就好了。当然生活中的电话就另当别论了。

(4)愉快地结束通话。问题解决以后挂断电话前,要感谢对方对本景区的关心,希望对方能对景区多提宝贵意见,然后说再见,等到对方挂掉电话后再放下话筒。

(5)受话人不在。如果打电话要找的人不在,留言请对方转答×单位的××已经来过电话,然后问对方回来的时间再打过来,致谢以后挂掉电话。这样可以体现一个景区的服务水平,又可以体现景区对咨询的游客的重视。

(6)拨错号码。如果拨错电话号码,也不要急于挂掉,应先向对方道歉后,再轻轻挂断电话。

二、游客服务中心咨询服务

随着游客在景区咨询意愿的增强,大多数景区都会设立游客服务中心。该中心的一个重要功能就是向游客提供咨询服务,提供有关景区主要旅游资源、旅游产品、交通路线信息、旅馆、饭店及餐饮场所的介绍等,解决游玩过程遇到的麻烦与困难,提升在景区游玩的整体体验。如果说游客通过电话咨询对景区形成的印象是抽象的,那么通过咨询中心形成的印象则是具体的。

1.游客服务中心员工的形象要求

(1)统一着装。为给游客一种视觉上的冲击效果,提升景区的整体形象,景区管理机构应制作统一的工作制服。作为景区的视觉识别系统之一,统一的制服既便于景区的管理,也容易让游客产生信任感,方便识别和求助。

(2)工作形象端庄大方。工作人员穿着制服时,穿戴要整齐干净,保持笔挺,要保持优雅的站姿和坐姿。女性服务员化妆要得体。要保持优雅的站姿和坐姿。

2.游客服务中心员工的工作要求

(1)接受游客咨询时,应面带微笑,且双目平视对方,全神贯注,集中精力,以示尊重与诚意,专心倾听,不可三心二意。

（2）咨询服务人员，应有较高的旅游综合知识，对游客关于本地及周边区域景区情况的询问，要提供耐心、详细的答复和游览指导。

（3）答复游客的问询时，应做到有问必答，用词得当，简洁明了。

（4）接待游客时应谈吐得体，不得敷衍了事，言谈不可偏激，避免有夸张论调。

三、网站咨询服务

随着计算机技术的迅速发展和互联网的广泛使用，游客需要能在网络环境下获得方便快捷的信息服务，所以景区网站咨询服务应运而生，很多景区在宣传网站上开通了咨询服务业务。

1. 网站咨询服务的优点

（1）游客咨询问题基本不受时间和工作的影响，只要网络通畅随时可以提问。

（2）网站访问人数众多，游客根据自己的需求提出问题，同时对其他游客也能起到一定的启发作用。

（3）网站客服人员可以根据提前设定的常用解答，快速找到相应的答案，发送给访客，这样就减少了访客等待的时间，提高了相应速度，提升了服务的品质。

2. 网站咨询服务的缺点

（1）因为不是面对面的咨询，游客可能提出的问题不够具体，或者可能采取试探性的态度，会直接影响咨询的效果。

（2）文字表达的效果受限于咨询者提出问题的方式和客服人员的理解能力，有可能导致游客得不到理想的答案。

（3）当网站访问量很大时，客服人员回答游客咨询往往不够及时、详尽，反而会给游客留下不好的印象。

案例参考

案例1：旅游景区从业人员文明用语与忌语

1. 旅游景区从业人员文明用语

（1）您好，欢迎光临×××景区。

（2）您好，请收好门票，景区内有××个景点需要验票。

（3）谢谢，欢迎下次光临。

（4）对不起，您的证件不符合免票规定，请到售票处补票，谢谢。

（5）请拿好票，往这边走，祝您玩得愉快！

（6）您好，需要帮忙吗？

（7）对不起，这个问题我现在无法回答，让我了解清楚再告诉您，请留下您的联系方式。

（8）对不起，请再重复一遍。

（9）您好，这是×××景区咨询员为您服务。

（10）感谢您打电话给×××景区，希望能继续得到您的关注，谢谢！

（11）请您坐下，慢慢说。

（12）非常抱歉让你遇到这样的麻烦……

（13）这是我们工作的疏漏，十分感谢您提出的批评。

2. 旅游景区从业人员服务忌语

（1）不知道。

（2）自己看。

（3）你是谁。

（4）牌子上写的有，你不会自己看。

（5）你可能不明白……

（6）我们不会……我们从没……我们不可能。

（7）你弄错了。

（8）这不可能。

（9）你别激动……你不要叫……你平静一点……

（10）我不是为你一个人服务的。

（11）没看到我们有多忙吗，你先等一下。

（12）你最好……之前给我们打电话，否则我们就下班了。

（13）你必须先排队后买票。

（14）你刚才说你是谁？

（15）禁止……；不准……；严禁……；不得……；违者罚款；严惩。

（16）这不是我们的责任。

案例 2：壶关太行山大峡谷景区设立游客咨询服务站

为进一步宣传和促进壶关太行山大峡谷旅游事业发展，积极引导和服务游客，8 月 24 日，壶关太行山大峡谷景区在壶关高速公路出口处设立了太行山大峡谷景区咨询服务站。

游客咨询服务站主要是为来自全国各地的游客提供休憩、旅游信息咨询、路线引导和宣传资料发放等服务，以面对面形式与游客进行交流，使每一个来太行山大峡谷的游客有一种宾至如归的感受。

太行山大峡谷自去年整合以来，强化了旅游管理、提升了旅游服务、优化了旅游资源，给广大游客朋友展现了一种全新的游览体验。游客咨询服务站开放以来，每天接待旅游咨询达 100 余次，服务站的开设更多方便了自驾游旅客，效果明显，得到了游客的一致好评。

资料来源：晓殷.壶关太行山大峡谷景区设立游客咨询服务站[N].山西经济日报,2014-09-17(4).

技能训练

情景模拟演练：学生 2 人为一组搭档，一人扮演游客，一人扮演景区服务人员，参考知识讲解及案例 1 中的内容，根据提供咨询的步骤、形象要求和工作要求及接受咨询时的服务用语和忌语，来模拟游客到旅游服务中心咨询的场景和过程。

要求：先写出情景模拟演练的脚本，选出优秀的搭档在课堂上表演。

时间：45 分钟

课外活动

以小组为单位，小组内的每位成员分别给不同景区的咨询中心打电话，完成一次电话咨询。考察该景区的工作人员如何提供电话咨询服务，通过分析景区的电话咨询服务工作，对该工作人员的咨询服务工作进行点评，并在小组内进行整理和汇总，对每个景区的咨询服务状况作出评价，并对其不合理、不完善之处提出改进措施，最后小组完成一份景区电话咨询服务的调查报告。

任务四　景区游客投诉处理

热身活动

游客投诉的处理,是景区与游客之间关系管理的重要内容。处理好游客投诉,是增加游客信任、实现良好人际传播效应的有效途径,也是提升美誉度的最佳机会。那么,在景区游客通常会因为哪些原因产生不满和投诉呢?

知识讲解

游客投诉是指旅游者在旅游过程中感到个人利益受损,并诉之以旅游质量监管部门,以期获得补偿的一种行为。对景区而言,接到投诉不一定是坏事,可能有利于改掉缺点,提高服务质量,获得忠诚顾客。

一、游客投诉的原因

分析游客投诉原因,便于在景区工作中预先估计可能发生的问题,注意可能会令游客不满的部门和地方,采取适当防范措施尽量减少游客的投诉,为景区的长远发展消除隐患。

1.对景区服务水平、服务质量产生的投诉

景区服务中最常见的投诉是景区员工服务时引起的,这一类投诉,是由于景区人员素质不高、服务水平低下、服务观念存在问题产生的,它占景区投诉量的绝大多数。

(1)服务态度。员工服务态度是服务中的重要一环,没有好的服务会直接导致游客的流失,会让服务人员的整体形象和素质在游客心中产生不良的影响。有这么一句话:"我们不能改变天气,但却可以改变自己的心情。"服务人员因各种原因可能会产生不愉快,那么在为游客服务时会转移到游客身上,态度就谈不上热情、周到了,"顾客是我们的上帝""顾客至上"的服务原则就无从体现了。

(2)服务操作不当。除了服务态度差会产生游客投诉外,服务操作不规范也同样会产生旅游投诉。比如:服务人员工作程序混乱;服务动作粗鲁,不剪指甲,不注重个人卫生,手放杯中或盘中;点完钞票的手又去拿食品;游客吩咐后久久不来;服务语言使用不当;账单金额错误,账单记错;上菜、上酒与所点菜单不一致;冷落游客的意见;寄放物品遗失或调换;不征得游客的同意,强迫游客与不相识的人坐不愿意坐的位置,住不愿意住的房间,乘不愿意乘的车;漏点错点游客人数。

(3)旅游设施不达标和旅游项目安排不合理。旅游设施陈旧落后,缺乏卫生设施,或卫生设施条件太差;旅游项目安排过于紧凑,走马观花,没有与之配套的娱乐项目;住宿条件简陋、脏乱差;没有歌舞表演,没有娱乐培训,陪练、陪打等服务;缺少儿童娱乐或活动项目;结账方式落后等。

(4)其他服务。旅游服务中由于其他服务不完善所造成的旅游投诉,如预订服务、寄存物品、租车、乘船等。

2.对旅游产品的投诉

由于我国旅游产品的开发还处于初级阶段,旅游产品的形式和质量在很大程度上无法跟上目前旅游市场需求的变化,因此旅游者对旅游产品的投诉已最常见。这方面的投诉主要有:

价格投诉,景区门票太高,特别是园中园,重复购门票,商品或服务项目收费过高;饭菜质量太差,口味、卫生不能令游客满意;样品和游客所要商品不一样;好的位置被承包经营者占据,拍照得付额外的费用等。

3. 旅游环境的投诉

旅游环境的营造非常重要,不仅包括生态环境,而且还包括人文环境。如:①安全环境:发生意外事件,治安状况太差,缺乏安全感。②环境容量管理:由于容量控制不到位造成游客拥挤,甚至意外受伤。③卫生环境:垃圾乱堆乱放,公共卫生状况太差,厕所有异味,桌面、椅子、毛巾、地毯、窗帘、碗筷破损,不干净。④旅游气氛太差:小贩穿梭其间,追客强行售物,服务员随意走动,声音太吵;光线昏暗;各项目收费点随意宰客。⑤交通环境太差:车辆摆放无指定。⑥当地居民非法开设项目,进景区抢夺客人,相互间吵闹、打斗等。

二、游客投诉心理分析

游客的投诉是因为自身合理权益没有得到满足的一种正常反应。一般而言,旅游者的投诉是希望获得景区监管部门和管理者的重视,让受损的权益通过补偿的方式获得心理上的平衡。简言之,游客投诉的主要目的是获得尊重、补偿和心理平衡。

三、游客投诉处理的注意事项

处理投诉是解决问题,促进景区发展的外在动力,是景区改进发展的方向。旅游景区要正确把握处理投诉的原则,要真心诚意地解决问题,不可与游客争辩,同时应切实保护旅游景区的利益不受损害。

(1)倾听游客诉说,保持沉默,避免使用过激的语言,保持眼神交流,让游客感受到你的倾听。

(2)表达歉意需发自内心,体现出诚意,同时还要对游客的遭遇表示同情与安慰。

(3)真诚地与游客交流,理解游客,同时了解游客需要解决的问题。适当时提出问题,获取客人的需求信息,用自己的话重复、确认游客所遇到的问题,并适时做好记录。

(4)明确游客的问题之后,需根据景区的实际情况,客观对待问题,通过补偿性服务来弥补游客所遭受的损失。补偿性服务通常包括打折、送赠品(包括礼物、商品或服务)、个人交往等。

(5)解决问题的方案需要通过双方协商、认可确认之后形成最终的方案。在确定解决问题的方案时,既要维护游客合法、合理的权益,又要维护旅游景区的合法权益。

(6)通过后续跟踪服务,进一步向游客了解旅游景区的解决方案是否有用、是否还有其他问题,如果有不尽如人意的地方,可继续寻求更好的解决方案。后续跟踪服务的方法通常包括电话、电子邮件、信函等。

四、善后处理事宜

受理投诉的人员应记录投诉处理的全部过程,将投诉事件整理成报告并存档,同时对投诉进行统计,分析投诉的原因,总结投诉解决的方法,特别对典型问题产生的原因和相应的解决措施进行分析,不断改进服务水平。

游景区服务人员要明白客人投诉不是绝对的麻烦事。首先客人投诉是对你的信任,相信你能把事情解决好;其次客人的投诉是对景区工作人员的鞭策,是改进服务质量的利器;此外,妥善地处理投诉能使投诉变为好事情,提升顾客的重视度。

案例参考

案例1：为什么我得买票

2013年2月10日，钱女士一行人由外地开车到海盐南北湖旅游景区游玩时，在景区门口被景区工作人员态度很恶劣地拦下要其购买门票，但是钱女士却发现其他的外地牌照的车辆在支付黄牛相应的费用后由其带入景区时景区管理人员却不闻不问，默认放行，还有本地牌照的私家车也能不用买票自由进出景区。2月13日，钱女士向海盐县旅游局质监所进行投诉：①风景区检票口工作人员与卖票黄牛勾结，黄牛带人进景区检票口工作人员未制止；②检票口工作人员对外地车辆的游客态度不好。质监所接到投诉以后立即将投诉转至南北湖景区，景区值班人员立即联系游客，表示歉意，告知将在春节后由专职人员进行处理，游客表示同意。2月16日，景区工作人员多次拨打游客电话均无人接听，县旅游局拨打游客留下的号码被告知打错；直至2月17日，仍无法联系上游客，故结案。

案例2：景区投诉系列案例

1. 游客王某一家自驾车在黄金周期间，到某景区游玩，由于游客较多，导致停车较难，根据景区的安排，将车停在了距离景区大门约2公里的地方，王某一家步行20分钟才到达景区大门，让王某一家感到十分不愉快，从而对景区进行投诉，要求景区给予一定形式的补偿。

2. 游客李先生在某市游览期间，在景区内购买了当地的特产"筒筒笋"。在其带回准备食用时，由于采用错误的制作方法，导致筒筒笋不能食用，为此，对景区提起投诉，认为其提供的产品质量不过关，要求进行赔偿。

3. 重庆游客李某一家到赤水游玩，在赴赤水之前其通过网络查询得知赤水市各景区门票价格，但在赴赤水大瀑布景区购买门票时，被告知必须购买观光车票。为此，李某投诉，由于增加观光车票，打乱了其一家的旅游计划，增加他们未预料到的经济开支，要求景区为其免观光车票。

4. 游客李先生到赤水大瀑布景区游览，李先生是一位非常节省的游客，虽然景区要求购买观光车票，乘坐观光车游览，但其坚决拒绝，无奈之下景区同意其步行进入景区。李先生即选择步行通过奇兵古道进入景区，但在途中迷路从而耽误了最佳观瀑时间。为此，李先生对景区提起投诉，要求景区退票。

5. 游客袁女士、张女士结伴赴景区游玩，由于玩兴太浓，至她们返回时景区内已无游客。返回过程中，由于路途不熟，且无明确的标志标牌，在即将迷路之际，路遇景区两男性农村居民，称可以带其走出景区，但在带路过程中，袁女士发现走的全是偏僻的山间小道，遂起疑心，及时原路返回，返回途中路遇景区工作人员而得以走出景区。在走出景区后，对景区提起投诉，认为由于其景区基础设施未完善，安保人员缺乏，从而让其在精神上受到恐吓，要求景区给予其一个说法。

6. 某社区组织社区内老年人张老先生等一行赴某景区游玩，在景区购票处购票过程中，由于其一行有70岁以上老年人，也有60岁以上的老年人，故对景区的门票优惠政策进行了详细询问，由于景区此时游客众多，景区服务人员在详细解答张老先生仍继续询问相关细节的情况下，景区工作人员表示了不满，并称"没有那么多钱还出来耍，啰里啰唆"。为此，张老先生投诉景区服务质量，要求景区予以道歉。

技能训练

以 5 人为一小组,阅读案例 2 及知识讲解中的相关内容,讨论在案例 2 中出现的 6 个投诉事件分别是针对景区的哪些方面的投诉。小组讨论后分别写出针对 6 个投诉事件的处理及服务改进方案。

要求:每个投诉事件都要写出处理方案和服务改进方案,方案要求条理清晰,有针对性和可实施性。

时间:45 分钟

课外活动

以小组为单位,实地或在网上搜集至少三个发生在景区的投诉案例,讨论每个投诉的类型和原因,总结出处理投诉的方法,一周后写成一份完整的调研报告上交给老师。

项目五　旅游景区游客管理

项目目标

技能点：

结合景区实际情况，能对景区内游客的行为和客流的流向及流量进行有效的管理；具备制订景区安全事故预防方案及处理景区突发事故的能力。

知识点：

掌握旅游景区游客行为管理的内容和方法、旅游景区安全管理的措施，掌握制订景区安全事故演练方案的方法。

验收点：

通过此项目的学习，学生能够结合景区实际，对景区内游客的行为和客流的流向及流量进行有效的管理；能够制订景区安全事故预防方案，并能处理景区突发事故。

任务一　景区游客行为的引导与管理

热身活动

近年来中国出境游快速发展，其规模和人数都在迅速增长，中国游客在享受旅游美好时光的同时，其一言一行、举手投足，也越来越受到世界的关注。一些人在出境旅游中的不文明行为，引起舆论的批评和社会的广泛关注。在景区你都见过哪些游客的不文明行为？你自己在旅游过程中有没有不文明的行为？

知识讲解

一、正确引导游客行为的意义

很多游客存在不文明行为，这些不文明旅游行为从根本性危害上看，可能导致旅游景区环境污染，景观质量下降甚至寿命缩短，其最终结果必然是造成旅游景区整体吸引力下降、旅游价值降低。它严重影响和直接威胁着旅游景区（点）的可持续发展。更有甚者，还可能给景区带来灾难性影响。如违章抽烟、燃放爆竹、违章野炊等行为很容易引起火灾，一旦发生，后果将不堪设想。

从最直接的影响来看：首先，游客的不文明旅游行为给旅游景区的环境管理、景观管理带来极大的困难；其次，游客的不文明旅游行为本身往往成为其他游客游览活动中的视觉污染，影响游兴，破坏环境气氛，进而影响其他游客的游览质量；再次，游客的不文明旅游行为往往会给自己的人身安全带来隐患，如到一些未开放的景区（点）游览、违章露营、随意给动物喂食、袭击动物、不按规定操作游艺器械等行为都可能给游客自身带来意外伤害。近年来，已有不少景区出现类似的安全事故,可惜很多游客意识不到这一点。中国国民素质从整体上说还不算很高,所以正确引导游客行为的责任尤其重要。

二、景区游客不文明行为产生的原因

了解游客不文明行为产生的原因是正确引导游客行为的必要条件。游客的不文明行为产生的原因比较复杂,具体有如下几种:

1. 游客道德素质不高,环保意识不强

游客道德素质不高,环保意识不强是产生不文明旅游行为重要原因之一。部分旅游者只贪图个人的方便或是自己的利益而很少考虑到自己行为对景观和环境的不良影响,甚至有些游客把这些不文明行为当做炫耀的资本,故意做出破坏行为,如:随意在文物上乱刻乱画,攀爬雕像留影等。还有一些游客是为了发泄自己在日常生活中积累的负面情绪,而把景区旅游设施作为了发泄的对象,肆意破坏。

2. 旅游过程中道德感弱化

人们在旅游过程中的道德感弱化现象也是出现游客不文明行为的重要原因之一。旅游者在旅游过程中追求休闲、放松和解脱,所以在旅游过程中更多地表现出来的是随意、懒散、放任的心理倾向。当一个人以旅游者的身份在异地游览时,摆脱了日常工作、生活中的约束,道德的约束力量就降到了最低点。此外,旅游者摆脱了平常生活圈子中众多同事和熟人的监督,所以对自己的行为便少了许多顾忌和约束。在这种旅游者道德感弱化的情况之下,平时表现文明的人在旅游过程中就未必会表现得文明。

3. 景区忽视了对游客的管理

调研中发现:在许多景区虽然随处可见游客的不文明行为,但是却少有景区管理人员对游客进行监督和制止;在景区内许多地方虽然都设有提示语和警告语,但是也都是靠游客的自觉和自律,景区也没有相应的监督和惩罚措施。在节假日的高峰期,游客数量早已超过了景区的最大承载量,但是景区并没有对游客的数量和流量进行控制和引导,景区人满为患也是产生游客不文明行为的重要原因。

4. 景区布局规划不科学、景区基础设施不完善

经过调研发现,在许多景区游客不文明行为的产生是由于景区缺乏科学的规划、服务设施不够完善造成的。例如:一些景区垃圾箱的数量较少,间隔的距离很长,游客想扔垃圾又找不到垃圾箱,为图方便只能随意乱丢;有些景区只设置了很少的长椅或凉亭,甚至根本没有设置游客的休憩区,游玩累了的游客想休息,只好躺在草地上,或是只能在较低的景观设施上休息。

三、正确引导游客行为的方法

(一)组织引导方法

1. 发挥导游的引导作用

带队导游可对游客的行为起到直接的引导、监督、制约作用。在可持续旅游中,导游不仅要完成组织协调、解说等传统职责,同时还应负有"资源管理"的职责。在帮助游客了解、欣赏环境和景观的同时,应鼓励游客表现出对景区环境、景观负责的行为,预防和制止其不文明行为。旅游管理部门在导游考评、导游词设计等方面可适当增加有关环境特性和景观保护常识等内容,引导和鼓励导游负责任地行使好管理资源和保护环境的职责。在这一方面浙江省淳安县旅游局的做法颇有借鉴意义。淳安县是著名的千岛湖风景区所在地,为保护千岛湖的良

好生态环境,该县旅游局明确要求导游员要成为千岛湖的"环保大使",该局经常为导游员举办环保知识专题讲座,把"千岛湖环境"作为导游上岗、年审培训的必修课,强化导游员的环保意识,强调每个导游员有责任向游客宣传千岛湖环境保护意识,还在导游队伍中发起"保护千岛湖,从我做起"的倡议。这些做法取得了很好的效果。

2.建立沟通渠道

建立方便的反映问题的渠道,便于游客反映问题和意见,及时消除不满情绪,预防破坏行为的发生。

(二)示范引导方法

景区员工在履行其正常职责的过程中,可以随时与旅游者交流聊天,提供游客所需的信息,并听取他们的反映,向游客阐明注意事项。同时,要以自己的实际行动教育游客尊重环境,遵守规章。国内不少景区组织工作人员与青年志愿者一起开展环保活动,这既可强化工作人员的环保意识,又能起到对公众的宣传作用。此外,带队导游也要注意自己的一言一行,为游客树立好榜样。

(三)强制引导方法

1.根据景区自身的资源特点编制游客规则

例如,美国旅行社协会(American Society of Travel Agents,ASTA)制定了游客游览生态旅游地的十条戒律:

(1)要尊重地球的脆弱性。意识到如果不保护环境,后代可能不会再看到独特而美丽的目的地。

(2)只留下脚印,只带走照片;不折树枝,不乱扔杂物。

(3)充分了解你所参观的地方的地理、习俗、礼仪和文化。

(4)尊重别人的隐私和自尊,拍照时要征得别人的同意。

(5)不要购买使用濒危动植物制成的产品。

(6)要沿着划定的路线走,不打扰动物,不侵犯其自然栖息地,不破坏植物。

(7)了解并支持环境保护规划。

(8)只要可能,就步行或使用对环境无害的交通工具,机动车在停车时尽量关闭发动机。

(9)以实际行动支持景区内那些致力于节约能源和环境保护的企业。

(10)熟读有关旅行指南。

此外,可制定比较完备的规章制度对可能出现的各种不文明行为,尤其是对故意破坏行为加大制约力度,并配备一定数量的管理人员约束游客的不文明行为,包括加强巡查、长期雇佣看护员、对违规行为实施罚款、使用闭路电视或摄影机监视等。

2.分区管理

如关闭某些地域的活动场所、禁止在某些区域或某些时间段内从事某些活动等。

3.限制利用量

如限制停留时间、限制团体规模、限制游客数量、禁止野营等。

4.限制活动

如禁止超出道路和游径的旅行、禁止营火晚会、禁止乱扔废物、禁止游客纵容马匹啃食植物等。

(四)教育引导方法

1.加强环保宣传

政府环境部门、社会环保组织、旅游管理部门应加强环境保护问题重要性的宣传,提高公众的环保意识;要大力宣传旅游与生态环境保护之间互惠互利的关系,使公众认识保护生态环境是旅游业可持续发展的前提;要大力宣传旅游活动可能会给环境造成的损害,尤其应让公众认识游客不文明旅游行为对旅游环境、景观的污染和破坏;政府部门应经常性地向旅游者、旅游地居民公布环境质量信息及污染对健康、经济、环境的损害。通过种种措施,社会大众会对旅游与环境的关系问题有正确的认识。这是一项最为基础性的工作,需要长期不懈地进行。旅游行政管理部门应负起重要的责任。

2.增加环保旅游项目

旅游景区在旅游活动项目的安排中应有意识地增加与环境、景观保护有关的内容,使游客在生动有趣的活动中获得相关知识。国外许多生态旅游地在游客进入景区中心部位之前,总是先通过种种形象生动的手段如展览、讲解培训等,对游客进行生态知识、游览规范等的教育和引导,旨在唤醒游客的生态责任意识。通过种种措施和手段在旅游景区内造就一种保护景观及周边环境、遵守游览规范的良好氛围,使游客时时意识到旅游景区对其文明行为的期待,从而能够约束自己的不文明旅游行为。

3.对游客进行事前教育

向游客介绍活动类型、开放时间、场所。对于"盲目"的游客而言,有必要让他了解其责任。对于那些来自不同文化背景的游客,更有必要让他少犯错误,以减少投诉和对立。比如,向他介绍景区内应注意的事项(特别是不准做的事情),环保政策,当地的习俗,社会行为规范,宗教场所的行为规范,当地的小费习惯,在景区商店是否可以讨价还价,摄影时应遵守的礼貌及其他与当地社会习俗和价值观等有关的问题。景区管理者要将这些信息及时传递给旅游者。事前教育可采用情况介绍、报告宣传材料、利用交通工具上的视听设备等方法进行。

4.加强对旅游景区内居民的环保教育

引导居民积极参加景区环保活动,充分发挥其示范与监督作用。武夷山风景区成立了由大量景区居民参加的"风景旅游资源保护协会",在保护资源环境、发挥示范作用方面取得了很好的成效。张家界国家森林公园附近的居民在这一点上也表现得很出色。他们总会在游客进入森林公园前提醒游客不要抽烟、用火,以防止森林火灾。景区内居民在环境、景观保护方面所发挥的示范作用和监督作用,可有效地预防一些游客不文明旅游行为的发生,有利于景区环境、景观的保护。

5.加强旅游者的旅游法规教育

围绕旅游合同开展各种宣传教育活动,让旅游合同成为投诉和处理旅游投诉的共同标准。每年在一固定的时间,可以在公共场合宣传介绍旅游质量监督管理部门的行政职能,并公布投诉电话,定期向媒体公布质检部门处理投诉的信息,着重宣传旅游消费者投诉处理的流程,增加投诉处理的透明度。

6.建立旅游信息中心

游客中心不但可以展示景区景观,提供相关的旅游信息,出售导游手册和相关书籍,而且要成为游客教育中心,成为利用播放声像资料让游人获得相关知识的中心。

7.编制旅游指南或手册

手册要色彩鲜艳,夺人眼目,生动有趣,有吸引力。要通过各种途径免费散发给游人,在游客购票时效果最好,虽然景区增加了费用,但可以达到宣传效果,更让他们感觉到景区管理者对游客的一份关怀。

案例参考

案例1:国人出境与国人文明

王旭彪、孟欣、李东莉都是康辉旅行社的老领队,在十几年的带团过程中,他们也经历了无数次因国人不文明行为带来的尴尬。

1.国外餐厅专设中国人餐区

在新加坡、泰国、马来西亚等地方许多酒店都专门划出了中国人就餐区。孟欣很无奈地告诉记者,有一次带团去澳洲,酒店提供的自助餐中的酸奶和水果是允许客人带走的,结果许多中国游客就拼命地往外带,结果酒店为了成本考虑不得不在第二天特别划出了中国人就餐区,许多游客都不知道原因问领队孟欣,她告诉记者:"那个时候真不好意思直接把原因告诉大家,只是觉得很悲哀!"

2.机上广播防止中国人夹带

前不久李东莉带一个200多人的团去泰国,一般飞机上的广播是没有中文的,但那次飞机上居然用中文广播了三次。"各位乘客,耳机是不能过泰国海关的,请大家不要把飞机上的耳机带下去。"一听到中文广播,李东莉就知道肯定又有自己团里的游客拿飞机上东西了,正在担心时,没想到第二次、第三次中文广播又开始了,"各位乘客请不要把飞机上的毛毯带下去,毛毯不能过海关。"第三次则提醒把餐具交给乘务员。令人最尴尬的是下飞机时居然真的有中国游客把餐具偷偷藏起来,最后被发现不得不交给乘务员。"当时整个飞机上的人都看着我们的游客,我真想找个地洞钻下去。"李东莉想起这事来还心有余悸。

3.聚众练功老外误以为示威

由于不懂得外国的法律法规,中国游客在国外的误会有时候真是哭笑不得。孟欣的同事一次带一个老人团去澳洲,原定早上六点多就要离开那家酒店,但刚四点多,整个酒店都被吵醒了,下来一看,大厅里聚集了十几位老人正在练武功,当时酒店工作人员非常紧张,立即报警。等领队下来才知道虚惊一场,原来由于酒店旁边没有空地,老人们找不到锻炼身体的地方,只好在酒店大堂里练起太极拳。但在澳洲,多人聚会是要审批的,而且外国人都以为中国的功夫很厉害,一大早那么多老人在大堂里练功夫,他们以为中国人要抗议或示威。

4.海边餐厅男士当众换泳装

李东莉一次带团去泰国,在海边,游客们很兴奋,纷纷换上泳衣投入大海的怀抱,但有些游客的表现实在出乎意料。"那是个20多岁的女孩,其实在海边临时买件泳衣就20多元,但她却直接脱掉了外套,穿着内衣就下去了,当时好多外国人都一脸惊讶。搞得我们也很不好意思。"更离谱的是一个20多岁的男孩就在海边的餐厅里脱掉所有的衣服换上泳装,李东莉说当时所有正在吃饭的人都把目光转向他,但那男孩似乎完全没有不好意思的感觉。"其实,作为他们的领队,我真的觉得很丢人,但也只能是善意地提醒,并没有任何惩罚措施。"

资料来源:中国游客被指最难伺候 爱用大钞像个暴发户[EB/OL].[2006-12-27]. http://news.qq.com/a/20061227/000381.htm.

案例2:文明游览 景区员工作表率

12米长的条幅上写满了名字和寄语,几位外国游客也踊跃加入其中……这是国庆假日期间云台山景区"珍爱环境文明旅游我承诺我先行"为主题的文明旅游宣传活动现场,也是河南组织各地开展节日文明旅游活动的一个缩影。"十一"期间,河南省旅游局、省文明办等多部门下发通知要求全省景区积极开展文明旅游活动,强化游客文明出游意识。

开封、济源、濮阳、三门峡等地在节日期间积极开展"文明旅游进景区"活动,在景区出入口、游客中心、主要道路旁、核心景点等位置设立文明旅游提示牌,在游客中心摆放文明旅游宣传材料,营造文明旅游氛围;各景区加强了文明旅游志愿者队伍建设,设立了引导岗和志愿服务站。

"要想有文明的游客,先要有文明的员工。"在云台山,"人人都是旅游环境"的理念浸透在每一个员工心中,从局长、副局长,到每一个一线员工,都是云台山的"环保卫士"。景区不仅通过网络、电子显示屏、宣传横幅、文明倡议书等媒介登载文明旅游宣传标语,同时还在各个景点的出入口、游步道旁设立文明旅游提示牌,增加"有序排队""不乱扔垃圾"等文明旅游引导内容,提醒游客在游览过程中规范行为、文明旅游。

资料来源:文明礼让假日风景[N].中国旅游报,2004-10-06(1).

案例3:旅游景区游客不文明行为调查问卷

亲爱的游客:

您好! 我们是北京交通职业技术学院旅游管理专业大一的学生,现正做一份关于旅游景区游客不文明行为的调查问卷,用来了解游客对景区的不文明行为的看法。希望您能协助我们的调查工作。您的任何信息我们都将保密,请您根据自己的经验和想法,填写以下问题。

1.您的性别是?

A.男　　　　　　　　B.女

2.您的年龄?

A.18 岁以下　　 B.18—25 岁　　 C.26—35 岁　　 D.36—50 岁　　 E.50 岁以上

3.您的职业?

A.政府机关工作者　　　　　B.企业工作者　　　　　C.教师/医务人员

D.文艺/体育人员　　　　　E.专业/技术人员　　　　F.军警人员

G.自由职业及个体　　　　　H.学生　　　　　　　　K.其他

4.您的最高受教育程度?

A.初中或以下　　　 B.中专或高中　　　 C.大专或本科　　 D.研究生及以上

5.你认为需要大力倡导文明出行、文明旅游吗?(单选题)

A.需要

B.不需要

C.无所谓

6.你认为不文明的出行旅游秩序会对自己有影响吗?(单选题)

A.有很大影响

B.只会影响心情

C.各玩各的,毫无影响

7.在景区等场所你看到别人乱扔果皮、饮料瓶等行为时,你的想法是怎样?(单选题)

A.很厌恶,会出面制止

B.很厌恶,但不会出面制止

C.不关我的事,无所谓

D.我有时也这样

8.你在景区或文物古迹上有乱刻乱画乱写过吗？（单选题）

A.从来没有做过

B.想做,但没有实行

C.有过

9.你认为造成旅游不文明行为的原因是什么？（单选题）

A.个人素质低下

B.社会缺乏文明风气

C.监管力度不强

D.三者共同作用

10.你认为应该怎样营造文明旅游的环境？（单选题）

A.增强个人文明意识

B.加强法规宣传力度

C.健全监督管理机制

D.宣传典型、营造氛围

11.你认为谁最该为旅游中出现的不文明行为承担责任？（单选题）

A.游客（文明素质亟待提高）

B.政府（教育公众要落到实处）

C.旅游景点（缺乏人性化管理）

D.旅行社（在组团时提示游客）

12.你期待怎样的出行旅游环境？（单选题）

A.文明礼让、有秩序

B.通常是随大流

C.无所谓,没有想过

13.你对国家发布《中国公民国内旅游文明行为公约》和《中国公民出境旅游文明行为指南》有何感想？（单选题）

A.有利于提高中国公民素质

B.对提高中国公民的道德观念起到一定的作用

C.说起来容易,做起来难

D.没有多大作用

14.当您有意或是无意做出不文明行为时,你是否会顾忌别人的眼光？（单选题）

A.一点也不　　　B.有点　　　C.十分不安

15.请选出你认为在旅游中最不文明的行为（多选题）

A.随地吐痰、乱扔垃圾

B.在文物上乱写乱画

C.上完厕所不冲水

D.在公共场所大声喧哗

E.污言秽语,打架斗殴

F.在禁烟场所吸烟

技能训练

小组讨论：

1.在景区你都见过哪些游客的不文明行为？将列举出的不文明行为进行分类。

2.如何管理景区内游客的不文明行为？以小组为单位完成景区的游客管理规定的制定。

时间:30分钟

课外活动

各小组自选本地某一景区(或由教师统一联系某景区)，前往该景区调研:①游客在景区的各种不文明现象，要对不文明行为(主要拍摄不文明行为留下的痕迹，如:乱丢的垃圾、乱画的涂鸦等)进行拍照和整理，并将景区的不文明行为进行归类和分析;②游客不文明行为给景区带来了哪些危害;③参考案例3设计调查问卷，并向景区内的游客发放调查问卷，来调研游客对景区内不文明行为的看法;④调查目前景区采取了哪些措施来治理游客的不文明行为，效果如何;⑤将调研结果整理，并以小组为单位完成一份调查报告。

任务二　景区游客流量和流向的控制

热身活动

你有过黄金周出游的经历吗？最大的感受是什么？

知识讲解

游客在一定时空中总是容易集中，局限于某些季节、部分时段极少数景点，容易造成拥挤、等待等不愉快的旅游体验。因此，游客管理还必须考虑合理控制旅游景区流量和容量，对数量众多的游客进行有序组织，以维护正常的游客游览和娱乐。

一、游客数量的调控

在景区管理过程中可以从供给和需求两个方面来调节游客数量，调控景区容量。

(一)提高景区旅游供给能力

提高景区旅游供给能力，或调控旅游供给的内部结构并辅之以对旅游需求的空间分流。

1.扩大旅游景区的规模

从长远来看，要解决游客过量问题，旅游景区应通过投资建设来增加实际旅游容量，但要尽量避免人工化。可以通过增设礼品店、旅游活动方式等来实现，也可以通过加大冷门旅游景点的开发，宣传和引导游客的流向来增大旅游景区实际旅游容量。

2.扩大景区日容量

在景区不断增加建设投入的情况下，可采用扩大景区日容量的方法。这种方法包括延长景区开放时间，或一年中增加开放天数;在旅游高峰期开放备用旅游通道，而在需求减少时关闭备用通道;设置免票人员专用通道;调整景点工作人员，增派工作人员到瓶颈旅游景点工作。

例如:在2012年国庆，北京动物园方开始陆续开放新增的15个购票窗口，与原有的17个窗口一起向游客发售门票。几乎每个售票窗口都站有一名工作人员,专门接受游客咨询,以节省购票时间。据动物园相关负责人透露,如果遇到游客数量剧增,动物园已作出相关预案,随时安排工作人员挎包流动售票,如果仍不能满足,将实行"免票进园参观"措施。

又例如:与 2011 相比,2012 年参与网上订票的游客大为增加。从 10 月 1 日到 3 日,故宫网上预订票数从 2000 张增加到 8000 张。即便是在这样的大高峰时期,网上预订的游客也几乎是"随到随入"。在午门检票口处,设有网络购票通道,两名工作人员手持刷卡机等待"刷卡"进入的游客。游客只需携带订票的身份证,即可刷证进门。对多数的旅游景区,旅游者一般集中在一天中某个时段进入景区。通过加强对景区工作人员知识、技能和服务意识方面的培训,提高工作人员效率,旅游者可以在短时间内分散到各景点。

(二)游客数量的控制

1. 价格杠杆

由于全球旅游需求的不平衡,旅游景区在旺季采取高价、淡季采取低价策略的比较普遍,部分旅游景区的门票价格区分更细,会按季节、按月、按每周的每一天,甚至按每一天中的不同时间段来分。

2. 采取预售票制度预测游客容量

实施预售制度或预订制度关键在于旅游景区能够提前做好接待游客的准备。预测游客流量,有利于旅游及功能区作出合理的管理。对于需要严格保护的旅游景区和资源来讲,唯一的办法便是进行游客数量的限制。而游客数量的限制又不能在游客已经抵达旅游目的地的时候来进行,这样的话必然会影响旅游者的消费积极性。在景区实行预售票制度的同时,实施预约游览制度,从而避免游客好不容易来了,却没有能够游玩的遗憾。如果能够在全国形成这样一种普遍做法的话,那么对于热点旅游景区的环境保护应当是十分有利的。这一措施实际上又是对交通疏导理论的分流措施的具体阐释。旅游景区还可以通过电视、网络、报纸等媒体向游客发布景区的交通、住宿、气候和接待容量等信息,预测未来可能的游客接待量,从而为潜在的游客选择旅游目的地提供参考。

二、游客定量管理

为了避免景区接待游客数量在合理的范围内,避免超载现象产生,可以对旅客实行定量管理。定量管理主要是通过门票控制来实现的,采用限制进入时间、停留时间,控制旅游团人数、日旅游接待量,或综合运用集中措施的方式限定游客数量和预停留时间,解决因过度拥挤、践踏及温度、湿度变化引起的旅游资源耗损。

敦煌莫高窟于 2014 年 1 月,在其数字化游客体验服务中心建成后,实施了更为严格的开放模式,游客总量控制并全部预约。开放模式由此发生了重大变化:所有游客必须通过网络、电话等形式预约后才能参观;抵达后首先观看数字电影领略莫高窟博大精深的佛教艺术,再到遗产保护地进入洞窟。届时,整个参观用时将由目前的 120 分钟延长为 150～180 分钟。通过投入使用的游客中心,莫高窟的合理游客承载量由目前的单日 3000 人次提高到未来的单日最大 6000 人次,游客全部预约参观。

三、游览线路管理

一般而言,景区有一个或多个出入口,进入景区后,在导游的带领下,在导游图或路标系统的引导下,游客会沿着一定的线路或景区游览。因此,通过景区内合理游览线路的设计可以把游客分散到景区各部,缓解游客过度拥挤的问题。但在旅游旺季到来时,单凭游览线路分散游客已不能充分满足各游客到达景区后立即进行参观游览的需求,从而带来游客排队等候现象,因此对于景区游客,还存在列队管理的问题。

1.景区内部游客分流

对于游客人数的多少与环境的影响并无主要关联的景区,应考虑通过旅游线路设计管理实施游客分流,降低游客在景区内部某些景点的时空集中程度,从而减少各局部景点游客的拥挤。

景区管理人员对于游览线路顺序及时间的安排、客流的时空分布情况的掌握非常有助于分流。通过信息的及时传递反映各处的游客拥挤情况,可组织引导游客分流或实现游客自发分流。例如:埃及的吉萨高地引入了全球定位系统,它可以储存各种资料,如线路的位置,同时还可以分析并显示哪些路线距离古建筑区最近,还可以分析游客的流量以及游客的人数是否超过其容量,帮助景区管理人员为游客分流提供数据。

2.队列管理

根据游客和配备工作人员的数量,可将队列分为单列单人型、单列多人型、多列多人型等。排队的地方,最好选择风景较好的区域,并设置相应的座位和护栏,或者通过墙壁上或两侧的景区宣传画、游览注意事项等把游客的等候过程和旅游体验经历结合起来。在等待较长的地方,可以通过电视、轻音乐等来分散游客的注意力。如云南丽江的玉龙雪山,在景区内的候车厅可以看电视、听音乐、购买棉衣、租氧气瓶等;在乘索道的地方,游客可以听到广播里有关雪山的介绍,还可看到部分雪山胜景,周围墙壁上也布满了有关雪山、冰川等的图片和文字介绍。

案例参考

案例1:南京中山陵预防景区超载的分级调控政策

2013年"十一"黄金周前夕,南京中山陵园管理局对外公布了所辖中山陵陵寝、明孝陵、灵谷寺三大核心景区的最大承载量,按合理承载容量、预警承载容量、最大承载容量三级,测算中山陵、明孝陵、灵谷寺三大主要景区合理承载容量分别为4万、5万和4万人次;预警承载容量分别为8、8万和6万人次;最大承载容量分别为18万、12万和10万人次。以中山陵为例,当景区游客为8万人时,就可能出现拥挤、车堵等状况,景区就要通过官网等媒介发布公告,提醒游客调整出行计划、避开高峰,同时启动交通疏导方案,对客流、车流进行疏导;而最大承载容量18万人则是"极限"。

一、临时管制引导游客搭乘公共交通

十一黄金周期间,中山陵风景区,在从梅花谷路即将转向中山陵主干道——陵园路时,放置了临时交通管制的提示路牌,跟着箭头指示方向可以驶入就近的停车场。在工作人员和志愿者的指引下,游客可以花5元钱买到区内小交通的车票,顺利抵达中山陵陵寝,并且在黄金周期间,很多游客都可以搭小火车、电瓶车等区内公共小交通。虽然不及平日自己开车快,但在旅游高峰,能够不是蜗牛挪步已经实属不易,而且沿途可以随心赏景拍照,还能直达景区内,而不是景区旁的停车场。

二、实施交通管制

为保证游览质量,景区制订了详细的疏导方案。上午十点半刚好遭遇客流高峰,根据方案,即将转向的路口是一个人流、车流汇集之地,所以就进行了必要的交通管制。中山陵风景区副局长廖锦汉说,从往年经验来看,10月2日—6日上午9点—11点、下午4点—6点,景区游客进出人数会比较多,一旦客流达到一个比较饱和的状态,景区就会采取措施,在交通方面他们就制订了3套调控方案,涉及博爱路、陵园路等重大交通堵点。

三、增加配套促进游客舒适度升级

景区首先改造了一批区内道路,如将原来废弃的一条弹石路扩宽为7米的沥青路,将急弯较多车行不顺的博爱路加大4处弯道半径,还在一些道路上增加了人行道,让出机动车道的同时也保障行人安全,大大缓解了交通压力;2000余块各类标牌标识为游客引路,黄金周期间15个停车场约2000个停车位对社会开放,他们的接驳车已经延伸到了周边的地铁和公交站点,105辆各类区内小交通按照8条线路连轴运转,接送游客从一个点到另一个点。同时,喜欢远足的游客还有了慢行绿道的选择,从琵琶湖至环陵路,从地铁站到中山陵陵前路已经印上了很多足迹。

在黄金周,景区内虽然人头攒动,但秩序井然,引导员、讲解员、保洁员……各司执其职,在陵寝门口等候区,也扩延了排队围栏,还有不少志愿者在维持秩序,同时向游客发放文明旅游公约,宣传文明出游。今年参与景区服务的志愿者超过300人,此外还配备了400名安保人员、400名保洁员和100名导游讲解员,在景区的各个角落,随时为游客服务。

另外,黄金周期间,景区内的休闲座椅数量翻了一倍,达到了1100个。不仅45个公厕全部对外开放,还增加了临时公厕。对于曾经出现的男厕被女生占用的尴尬,此次还专门增加了女厕的蹲位。

四、充分利用智慧管理调控

黄金周某日下午1点半,中山陵陵寝累计客流突破8万的预警容量,景区在官方网站、微博上发布了预警提示,建议游客分流到明孝陵、灵谷寺、美龄宫等景点及孙中山纪念馆、明孝陵博物馆、抗日航空纪念馆等场馆游玩参观。

"十一"黄金周,景区内70台对讲机、120处监控设备启用,其中在中山陵景区各个进出口的摄像头,建成了集视频处理、图像分析及人工智能等技术为一体的智能化客流统计系统,为客流分级调控提供了可能。同时,实现了对主要景点、主干道、进出口、停车场、旅游观光车站、紫金山防火道的监控并且与中山陵派出所视频监控、中山陵交警中队视频监控系统互联,提高了景区管理效率,对景区资源保护、旅游服务、交通指挥等方面都起到了积极的作用。

资料来源:雷琛烨.南京中山陵:分级调控防超载[N].中国旅游报,2013-10-07(2).

案例2:排队不再是痛苦的事

深圳欢乐谷主题公园在节假日期间游客是人山人海,许多评价较高的游乐项目更是人满为患,游客排起了长龙。为了让游客在等待时不急躁,景区在重点游乐项目中采取了主题队列的接待方式,最典型的是"雪山飞龙"。

李先生夫妇是第二次带儿子来到欢乐谷主题公园,小朋友再度来到公园很兴奋。园区各种各样的游乐项目中,最吸引他的就是"雪山飞龙"。所以,他迫不及待地央求爸爸妈妈赶快带他奔赴"雪山飞龙"景点。

还没到"雪山飞龙"景点,就发现那里是人山人海。好多小游客都是冲着这个主题项目来的,队伍排得很长。爸爸妈妈原本很担心小朋友的耐心,要知道,小孩子可是最不喜欢排队等待的,而且,看起来在所有游乐项目的等待队伍中这个队伍是最长的。但是"雪山飞龙"的排队区很特别,是一个主题场景,外围是阴森神秘的老宅和古庙,在老宅和古庙之间通过曲折幽暗的通道连接,通道两侧是各种怪异装饰。所以,小朋友却出奇的安静,原来,还没有上"雪山飞龙"前,他已经被吸引住了!

爸爸和妈妈还没看懂这些装饰是什么,小朋友便自告奋勇地做起了介绍:"看,这是个小红龙!"

"小红龙? 小红龙是什么?"爸爸问。

儿子骄傲地说:"小红龙是勇敢的小英雄,'雪山飞龙'就是小红龙呀!"

"哦,原来如此。"爸爸果真是第一次听说,"那么和他战斗的这个是什么?"

"那是长麻鬼,是坏蛋! 看他们正在作准备呢!"

爸爸妈妈仔细观察起来墙壁上的绘画,果然是一幅精彩绝伦的连环画,介绍的是中国西北大山深处"小红龙"与"长麻鬼"殊死搏斗的故事背景。正看着,又听到儿子大声叫唤:"爸爸妈妈,快看、快看! 开始讲故事了!"抬头一看,果然,VCD中正在放映小红龙和红毛鬼大战的故事。故事里的形象可爱逼真,故事情节离奇曲折,别说小朋友了,就连爸爸妈妈都被它吸引住了!

时间在不知不觉中溜走,老宅、古庙、曲折幽暗的通道、怪异的装饰等景致以及区内循环播放的故事片,共同营造了神秘和等待大战一刻来临的气氛,使小游客一家在排队过程中不知不觉地进入故事角色,在不断的环境渲染和情感累积后,最终轮到了他们,当乘上"雪山飞龙"后,排队等候过程中累积起来的情绪和期待终于化作红龙大战的痛快体验。小朋友的爸爸在结束了游戏后,对这种排队等待大加赞赏:"这样的等待恍若幻境,真是太美妙了!"

技能训练

以5人为一个小组,阅读案例1和案例2,参考知识讲解中的相关知识,为小组成立的景区制订一份国庆黄金周景区客流控制和疏导的实施方案。

任务具体要求:

(1)根据项目二中创建景区的基本游线和景观布局,来分析景区的客流状况和客流的特点。

(2)制订该景区的客流控制和引导方案。方案要依据分析的结果来制订,要按黄金周游客数量激增的前提来制订。

(3)要求方案能体现景区的特点,切实可行,并且方案要条理清晰,表述清楚、得当。不得少于800字。

时间:45分钟

课外活动

各小组课下利用网络资源或查找报刊,搜集至少三个景区在黄金周游客爆满而又管理不善的案例,并分析各个景区在管理的哪些方面有欠缺,针对各个景区的问题提出改进的建议。要求落实为文字,并图文并茂、条理清晰、切实可行。

任务三　景区游客的安全管理

热身活动

旅游安全对于景区的发展来说,是十分重要又是十分敏感的,"没有安全,就没有旅游"。你最近听说过景区发生的安全事故吗? 景区的安全事故应该如何预防呢?

知识讲解

景区是游客最终的目的地和重要的集散地,面临的环境相对复杂,要确保景区与游客的人身和财务安全,确保景区能够持续稳定的发展,安全管理是不容忽视的一个重要环节。景区安全管理不是仅仅制定制度、配置设施,更重要的是景区管理人员应具有安全意识,严格执行相关制度,加强防范,加强对游客安全意识的教育和引导,以尽到景区权限范围内的安全义务。

一、旅游景区安全问题的内涵

从安全本义理解,安全,即平安、无危险、不受威胁、不出事故。因此,从安全的类型角度,安全可相应地分为人身安全、财产安全、名誉安全、隐私安全等。

从旅游活动的环节和旅游活动特点看,旅游安全贯穿于旅游活动的六大环节,可相应分为饮食安全、住宿安全、交通安全、游览安全、购物安全、娱乐安全六大类。

从旅游学研究对象看,旅游安全可分为旅游主体安全、旅游媒体安全和旅游客体安全。旅游主体安全即旅游者安全;旅游媒体安全集中表现为交通安全和旅游从业者安全;旅游客体安全即旅游资源的安全,涉及资源的保护、环境容量与可持续发展等方面的问题。

从旅游安全学的学科角度理解,旅游安全包含了旅游安全的现象(本质、特征与发生规律)、旅游安全的基础理论和旅游安全认知,也包括旅游安全管理与旅游安全保障等方面的内容。

二、旅游景区安全隐患与影响因素

(一)自然灾害类旅游安全隐患

旅游景区的自然灾害,主要指自然环境由于种种原因发生变异而产生的各种危害旅游业的灾害。根据产生灾害的自然要素不同,可分为以下方面:

(1)地质地貌旅游灾害:主要包括地震、火山、海啸、地面沉降、泥石流、滑坡、崩塌等。

(2)气象气候灾害:包括台风、龙卷风、洪水、暴雨、暴风雪、风沙、酷暑、严寒等。

(3)生物旅游灾害:指由于森林火灾、病虫害等引起的生态环境和文物古迹遭破坏的灾害。

(4)危及旅游者健康和生命的其他自然因素和现象:包括缺氧、极端气温、生物钟节律失调等。缺氧和高山反应多发生在海拔较高的旅游地,并可能由此引发肺气肿、脑肿等致命的症状。极端气温主要是指极端高温(如沙漠)和极端低温(如两级和高山)。生物钟失调则表现在航空旅行中。此外,如水上游览造成的眩晕,放射性污染,阳光中紫外线照射对人体产生的严重伤害等(如日光浴)也应属于此方面。

(5)旅游者与野生动物、植物、昆虫等接触产生的危险。

(6)环境因素引起的疾病:包括一些传染性疾病,与旅游活动有关的环境疾病中最具威胁的多为热带地区气候环境特有的疟疾、登革热等；旅游过程中环境的改变（气候变化、旅途劳累、旅游异地性可能导致的水土不服、环境生疏、生活规律打破、过度兴奋等）引起的疾病。

（二）人为因素造成的安全隐患类型

人为因素造成的安全隐患是指旅游景区所处的社会环境发生变化以及旅游发展本身带来危害旅游业发展的灾害。这类灾害范围广，危害大，涉及社会生活的众多方面。

1. 非旅游行业影响的人文灾害

非旅游行业影响的人文灾害，根据其层次的不同大致分为：

（1）社会大背景灾害：指因社会经济、政治和文化大背景发生变异而危害旅游业发展的灾害，主要包括战争、恐怖活动、国际关系紧张、国内政局动荡、经济危机、金融危机等。这类灾害往往从宏观方面对旅游业产生危害，对于国际旅游市场破坏尤甚。

（2）社会生活意外灾害：指发生在社会正常生活环境层次中各种破坏旅游业的灾害，主要包括环境污染、交通事故、社会治安恶化、瘟疫等。目前，旅游卫生安全日益成为旅游者关注的热点，尤其是新出现的传染病疫情态势更为严峻，有可能带来一系列公共卫生及社会问题，如2003 年的非典型性肺炎对旅游者带来了很大威胁。

2. 旅游景区内部的安全问题

（1）旅游景区资源安全：指旅游景区自身发展过程中存在的一些问题而导致的各种旅游安全事故。这类旅游安全问题虽不像前几类表现得那么明显，但对景区长远发展更具危害性。根据其表现形式可分为：

①旅游超载灾害：指旅游流量或活动量超过旅游地所能承受的容量极限而造成的灾害。其结果是造成旅游资源破坏，旅游地域的生态系统被打破，旅游安全得不到保证。

②开发经营不当灾害：指缺乏规划或不当规划的旅游开发、建设性破坏、管理水平低下等生态环境破坏灾害，而导致的危害旅游业的灾害。其主要包括景区内环境污染、生态平衡破坏、滥用土地资源等。

③文化冲突灾害：主要指景区文化内涵彰显不当对景区资源产生的影响。这也是导致景区犯罪的诱因之一。

④利益冲突灾害：指旅游业发展过程中不同利益群体因利益摩擦而造成的灾害，主要包括旅游业发展与当地居民的矛盾、行政边界旅游资源开发纠纷、相邻旅游点的恶性竞争等。

（2）设施设备安全：主要包括景区的基础设施、服务设施和游乐设施的安全。

主要影响因素：项目和设施设备建设前期的立项、审查、批准和验收不符合规定（如按临时设施建设）；项目的设计和建造者资质不合格；景区内部管理混乱，造成旅游设施营运管理混乱（如以包代管，采取收取承包费、发包给个人经营管理的方式）；操作人员没有进行严格的安全知识和专业操作技术培训，缺少必要的专业知识和应急处理知识；没有制定严格的安全管理措施，没有明显的安全标志和严格的安全信号指令以及事故应急措施等。

3. 旅游活动过程中的安全事故

（1）火灾。虽然旅游业中因火灾死亡的人数较低于交通事故，但是其往往造成严重的后续反应，如基础设施破坏、财产损失等，甚至造成整个旅游经济系统的紊乱。

（2）食物中毒。景区内餐饮客观存在的食品卫生等问题也可能诱发旅游者的疾病或导致食物中毒。食物中毒造成的影响面较大，对旅游者的危害相对疾病而言也较为严重。

（3）交通事故（景区内部交通环境）。

①水难事故。水难事故指在水体中出现的安全事故,随游轮、竹排等水上交通和水上旅游项目的出现而出现,包括海难、内河(湖)安全事故等。水文景观是我国非常重要的旅游资源,我国不少水文景观旅游地,因地处海、河、湖滨,客观上存在不少水上游览安全隐患。

②缆车索道等交通事故。索道的建设不仅可能破坏自然景区的原貌,使游客大量集中于容量有限的景区而导致景观和生态的破坏,而且容易引发安全问题。

此外还有旅游者在景区游览过程中由于麻痹大意、拥挤、景区管理不当等原因而发生的走失、摔伤、踩踏、坠崖等事故。

三、旅游景区安全事故的类型及等级

(一)旅游景区安全事故的类型

旅游景区安全事故发生方式很多,造成的损害也不同,并且发生地点多种多样,这使得归类安全事故非常困难,归类的依据、角度也很多。

旅游安全事故可分为自然类旅游景区安全事故和人文类旅游景区安全事故。

1.自然类旅游景区安全事故类型

自然类旅游景区一般包括如下资源类型:地文景观,如地质过程形迹造型山体与石体、蚀余景观、洞穴、沙石地等;水域风光,如风景河段、湖泊与池沼、瀑布、冰雪地等;生物景观,如森林、草地、野生动物栖息地等;天象与气候旅游资源,如光现象、天气与气候现象等。在这类景区中,游客的旅行活动基本上是以自然景观为基础而开展的,如山地自行车、潜水、滑雪、登山等。其主要安全事故类型为机械活动类、自行车活动类、飞行跳跃类、撞击类、水域活动类。自然类旅游景区安全事故类型如表5-1所示。

表5-1 自然类旅游景区安全事故类型

景区类型	旅游活动	安全事故类型	事故举例
地文景观	越野活动、登山、攀岩、山地自行车、滑翔、沙漠探险、洞底探险、滑雪等	机动机械、探险活动、自行车活动、飞行活动、跳跃、撞击、自然灾害等	外部创伤、机械事故、雪崩和洪水、泥石流等
水域风光	冲浪、滑水、帆板、游泳、潜水、跳水等	机动机械、水域活动、跳跃活动、自然灾害、动植物伤害等	溺水、外部伤害、水生动物伤害等
生物景观	原始森林探险、观鸟、野生动物观赏、草原骑马等	动植物伤害、花草过敏、野生水果中毒等	大型动物袭击、花卉过敏、植物对皮肤的伤害、蘑菇中毒等
天象与气候	特殊天象、气候现象观赏(极光、海市蜃楼)、冰雪景观等	身体不适(由于海拔高度、气候变化、其他原因等引起)	高原病、水土不服、极高温或低温伤害等

在自然类的旅游景区,社会环境相对简单,人口构成单一。社会环境原因造成的如偷盗、抢劫等的旅游安全事故较少。有些景区,如保护区、国家公园等,远离城镇,甚至无常住居民。因而,在这类景区旅游安全事故的诱因主要集中为自然因素及旅游活动相关人群的行为上,如

游客的旅游技能、道路安全状况、自然灾害、游客身体及心理素质等。而社会环境诱因则可以忽略不计。

2.人文类旅游景区安全事故类型

人文类景区主要由下列资源类型构成:历史事件发生地、宗教与礼制活动场所、交通设施、体育健身场所、购物场所以及民间习俗和现代人文活动等。

人文类型的旅游景区多位于人口集中的城镇,而有些城镇本身就是旅游景区,城市其他功能的规划、建设都是围绕旅游业而进行的。旅游社会环境复杂是其最大的特点之一。

这类景区人口集中,构成复杂,游客与当地人不易区分。旅游活动以观光、购物、饮食、娱乐等为主。各类活动比较多,人与物之间产生的伤害较少,而人为造成的安全事故则占主要比例。

因此,基于上述资源类型及旅游活动(项目)特征,不难看出,在这类景区,旅游安全事故具有强烈的社会性,如偷盗、欺骗、食物中毒等。人文类旅游景区安全事故类型如表5-2所示。

表5-2　人文类旅游景区安全事故类型

景区类型	旅游活动	安全事故类型	事故举例
大型主题公园	刺激性娱乐活动,如海盗船、蹦极、家庭娱乐等	设施设备事故、游客健康事故突变、盗窃、游客走失	停电、撞伤、心脏病突发、儿童走失等
度假区	休闲、疗养、会议、冲浪、潜水、一般性观光	食物中毒、欺骗、盗窃、水域设备、火灾、恐怖事件	酒店食物中毒、游客财物被盗、火灾等
大都市	购物、会展、参观等	购物欺骗、市内交通事故、暴力抢劫、食物中毒、恐怖活动等	饭店食物中毒或摔伤、购买到假货等
成熟的旅游中心地	一般观光、美食、刺激性娱乐活动、参加节庆活动等	盗窃、暴力、抢劫、食物中毒、健康突变、欺骗、设备设施事故	撞伤或摔伤,食物中毒、购买到假货等

(二)旅游景区安全事故的等级

旅游安全事故分为轻微、一般、重大和特大事故四个等级:

(1)轻微事故,是指一次事故造成旅游者轻伤或经济损失在1万元以下者。

(2)一般事故,是指一次事故造成旅游者重伤或经济损失在1万元(含1万元)至10万元者。

(3)重大事故,是指一次事故造成旅游者死亡或旅游者重伤致残,或经济损失在10万元(含10万元)至100万元者。

(4)特大事故,是指一次事故造成旅游者死亡多名,或经济损失在100万元以上者,或性质特别严重,产生重大影响者。

四、旅游景区安全管理的含义及意义

(一)旅游景区安全管理的基本含义

旅游景区安全管理是指根据国家旅游安全工作方针政策,为降低旅游景区安全事故的发生,确保景区和旅游者的人身及财物安全,在旅游企业接待服务过程中所采取的一系列制度、措施、方法等管理活动的总称。

（二）旅游景区安全管理的意义

旅游景区必须保障旅游者人身财物及景区财产安全。这是旅游景区经营服务的基础。没有安全，一切服务和生产就无从谈起。从这个意义上说，没有安全就没有旅游业。近年来，随着旅游活动的升温，特别是我国实行双休日和"黄金周"假日以来，旅游安全问题更加突出。针对旅游者发生的形形色色的刑事案件也时有发生。犯罪活动的暴力化、犯罪分子的智能化、灾害事故的复杂化，使安全管理工作在风景旅游区中越来越重要。具体来说，旅游景区安全管理的重要性表现在如下几个方面：

1. 旅游景区安全是提高游客满意度的重要保证

根据马斯洛需求层次理论，安全需要是仅次于生理需求的基本需求。他在对一般美国人的调查中发现，安全需要占到70%，与其他较高层次的需要比较，占了相当大的比例。而出外旅游属于较高层次的享受需求和发展需求，要想使高层次的旅游活动行为得到满足，提高游客的满意度，就需要有较好的旅游安全保障措施作为基石和先行条件。

2. 旅游景区安全是旅游经营者获取经济效益的保证

对于旅游经营者来说，旅游景区安全是保证旅游活动顺利进行，并获取良好经济效益的前提。旅游事故的发生，无疑会给旅游经营者带来不同程度的影响，如直接的经济损失、较长时间内游客量的大幅度减少、信誉和形象的破坏，甚至导致景区旅游毁于一旦。

3. 旅游景区安全是旅游业可持续发展的基础

根据经济学中的"木桶原理"，即木桶容量的大小并不取决于最长的那根木条，也不取决于平均长度，而是取决于最短的那根木条。若某一要素极端恶劣，其副作用足以抵消其余要素的全部正效应，就会出现服务业常提到的 100−1＝0 的效果。因此，安全需要作为游客的基本需求，不管哪个方面出现安全问题，都会对景区整个旅游业产生影响。它不仅影响到旅游业的形象和信誉，还关系到旅游业的生存和发展。

总而言之，旅游景区安全管理是维护旅游景区声誉，提高服务质量，保证旅游景区接待服务活动正常开展的重要条件。

五、旅游景区安全事故的处理原则

（一）"谁主管，谁负责"原则

旅游景区实行安全保卫工作总经理负责制，总经理作为旅游景区法定代表人，对景区安全质量负责。为此，必须把安全工作和经营服务统筹安排，把安全保卫工作的优劣与领导及职工的政治荣誉和经济利益挂起钩来。

（二）"三不放过"原则

此原则即事故原因不清不放过、事故责任者和群众没有受到教育不放过、没有防范措施不放过。

（三）教育与处罚相结合原则

安全事故处理要区别不同情况，作出不同处理。对事故情节明显轻微、损失较小、影响不大或难以预料的突发事故和一般事故，可采取批评教育的方法，限期整改，辅以经济或行政处罚，起到教育和接受教训的目的。

（四）依法办事原则

凡是重大事故，要以事实为根据、以法律为准绳处理。

六、旅游景区常见安全事故处理方法

(一)盗窃事故处理方法

处理主要步骤如下：

(1)查明发现经过，了解有关情况。安全保卫部接到报案后，迅速派员赶赴现场。采取切实有效的措施把现场保护起来，等候上级派人勘察。

(2)向警方报案，划定勘察范围，确定勘察顺序。盗窃案现场勘验重点是：第一，现场进出口的勘验。现场进出口是犯罪分子必经之地。注意发现矛盾和疑点，分析现场环境是否合乎情理等。第二，被盗财物场所勘验。被盗财物的场所是犯罪分子活动的中心部位。要弄清财物存放在哪里，是否上锁，分析破坏部位是否准确，作案技术是否熟练，有无职业特点等问题。第三，现场周围的勘验。主要是为了发现犯罪分子去现场的路线和作案前后停留、藏身的场所有无痕迹，有无遗留物及交通工具痕迹等。

(3)分析判断案情，确定嫌疑人。进过勘察分析判断案情，如果不是外来人作案，即可在划定范围内，通过调查访问，发现嫌疑人。一般采用摸底排查的办法确定嫌疑人。

(二)人身安全事故处理方法

以爆炸、暗杀、凶杀、抢劫、绑架等暴力手段造成人身伤害的案件，性质恶劣，会给社会和人们的生命财产造成严重损失。如暴力案件已发生，安全保卫人员应火速赶赴现场，组织人员对伤员进行抢救护理；保护现场，注意收集整理遗留物和可疑物品，保管好受害者财物；及时组织力量，力争将犯罪分子当场抓获；当警方到来后，协助警方破案，提供必要的方便条件；积极查找知情人、证人，协助警方做好取证工作。

(三)火灾事故处理方法

火灾是景区比较常见，也是危害较大的事故之一。景区发生火灾事故可以按如下方法处理：

1.组织灭火

发生火灾的单位或个人应立即向报警中心报警，讲清失火的准确部位、火灾大小。报警中心接到报警后，应立即报告总经理或总负责人，并根据总经理或总负责人的指示呼叫消防队并拉响警铃。报警中心应指示总机播放录音，告知火势情况，稳定客人情绪，指挥客人撤离现场。

总经理或总负责人、安全部经理、工程部、消防队、医务人员等应立即赶赴火灾现场指挥或参与现场救火。迅速查明起火的准确部位和发生火灾的主要原因，采取有效的灭火措施。积极组织抢救伤员和老、弱、病、幼等游客。

2.保护火灾现场

注意发现和保护起火点。清理残火时，不要轻易拆除和移动物体，尽可能保护燃烧时的状态。

火扑灭后，应立即划出警戒区域。在公安部门同意后进行现场勘察和清理灭火现场。

勘察人员进入现场时，不要随意走动。进入重点勘察区域的人员应有所限制。

3.调查火灾原因

景区火灾发生的原因基本可以分为三类，即：思想麻痹、违规操作引起火灾；自然起火，如自燃、雷击等；人为纵火。对这些原因，主要采用调查访问、现场勘察和技术鉴定等方法。

(四)旅游景区食物中毒事故处理方法

(1)搜索有关食品、餐具、用具及呕吐物。

（2）了解现场情况，访问事主或群众。

（3）发现和搜集各种痕迹，如中毒者已被送往医院，要向医务人员了解中毒者的症状和抢救过程。

（4）抢救的同时，要取得医生配合，调查发生中毒的原因。

（5）食物中毒处理过程中，应成立临时的指挥部，负责整个抢救工作。

（五）旅游景区游客伤亡事故处理方法

1．游客病危或受伤

当发现游客突发疾病或意外受伤，应立即报告并安排医务人员抢救。

2．游客死亡

（1）对在华的外国人应严格按照《外国人在华死亡后的处理程序》处理。

（2）国内游客死亡处理。

①发现游客死亡，应立即与当地政府取得联系，由事故发生地的人民政府牵头，协调有关部门以及事故责任方和其主管部门负责处理，必要时可成立事故处理领导小组。

②查清死者身份，及时通报家属。

③协助家属处理善后事宜，如死亡证明、尸体处理等。

④应写出"死亡善后处理情况报告"，内容包括死亡原因、抢救措施、诊断结果、善后处理情况等。

案例参考

案例 1：2013 年部分旅游景区安全事故回顾及警示

事件 1：5 月 1 日晚 9 点 10 分左右，凤凰县桃花岛篝火晚会跨河吊桥因受力桥墩断裂，出现桥面倾斜，从篝火晚会散场的游客经过吊桥时落水。据当地一位龙姓居民介绍，由于桥头一端的两个水泥柱断裂，系在木板桥上的绳索断了，导致桥面发生侧翻。

事件 2：陈先生五一期间去神农架自驾游，4 月 30 日晚 11 时在景区上厕所时滑倒致粉碎性骨折。由于当地医院无法进行手术，只能将人送回武汉。却不料司机半途"甩客"，经过警察出面协调，景区竟"不情不愿"地安排其转乘公共交通工具返汉，陈先生忍受剧痛和高血压折磨长达 20 小时才回到武汉进行治疗。

事件 3：4 月 30 日下午 2 时许，广东惠州博罗罗浮山朱明洞景区鹰嘴岩（海拔 800 米）发生雷击事故，造成 16 人轻伤，1 人伤势较重。"快到山顶的时候，遇上打雷下雨，亲眼看到十几个人给雷劈倒。过去救人的时候，发现有人给劈焦了，七窍流血。希望以后雷雨天气大家不要爬罗浮山，图片过于血腥没有拍。"一位网友以目击者的口吻率先通过微博发布了该消息。

事件 4：2013 年 4 月 1 日上午 10 点半，安徽省合肥市一家游乐场内的"跳楼机"在运行中辅助钢丝绳突然断裂，导致座椅悬停在离地约 5 米高的半空，11 名游客被困 1 个多小时。11 点 37 分，在救援人员帮助下，11 名游客全部安全回到地面。据了解，这 11 名游客中有 8 名是芜湖某中学来合肥春游的初中生，事发后，事故方已退还 11 名游客 20 元购票费。初步判断事故是由于设备辅助钢丝绳断裂所致。

警示：

对旅游景区而言，要预防潜在危机的发生，必须从源头进行控制，不放过每一个细节，及时进行分析预测，并做好各项预防措施。一般而言，旅游景区的安全管理对象主要有如下几个方面：

（1）正确引导和约束景区内游客的游览行为，防止其不安全行为导致事故。例如不顾各种安全警示，跨越安全栏、随意攀爬、接近危险水源；在游览过程中，不遵守相关的安全规定，不按照规定的操作执行等；不在指定的吸烟区域吸烟，或在禁火的景区乱丢烟头等。

（2）要求旅游设施设备操作人员严格按照规范操作，防止违章作业导致事故。例如因操作不当导致漂流船翻沉、客运索道停止运行、游艺机械造成人员受伤等事故。

（3）要求景区员工按照既定的标准和流程操作，避免在服务提供过程中产生不安全行为。例如在为游客提供餐饮、购物等过程中，造成客人烫伤、食物中毒或物品过期等事故。

（4）搞好景区范围内的治安保卫工作，防止偷盗、抢劫等犯罪行为的发生，避免造成游客的人身伤害或财物损失，及时查禁"黄、赌、毒"等社会不良现象，依法打击强买强卖、敲诈勒索、殴打辱骂游客等各类违法犯罪活动等。

（5）景区内如有建设或维修施工的，应做好安全防护工作，防止施工过程中的不安全行为对游客造成伤害。

（6）做好景区内的道路交通设施、各种车辆以及停车场的安全管制工作，特别是在旅游旺季、高峰期尤为重要。

（7）做好景区内各种游乐场所、游览道路、游客休息停留场所及其周边环境的安全管理工作，避免或减少可能对人员造成的伤害。

（8）做好员工工作或生活场所的安全管理与教育，如不得私拉电线、私用电炉，注意交通安全等。

（9）做好如台风、洪水以及山体塌方或泥石流等自然灾害的预报或防范措施，尽可能减少景区或游客的生命财产损失。

（10）做好特种旅游项目的安全管理，如攀岩、冲浪、骑马、拓展、蹦极、速降等。

（11）其他可能产生危险的因素与环境。

资料来源：2013上半年旅游安全意外事件回顾［EB/OL］.［2013－05－13］. http://www.lotour.com/news/20130513/1240886.shtml.

案例2：旅游安全救援系统示意图（见图5-1）

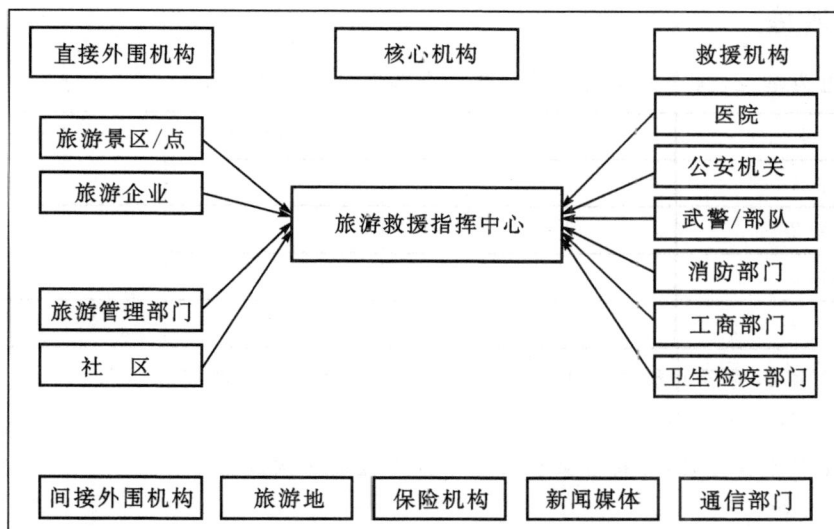

图5-1　旅游安全救援系统示意图

案例3：不走"寻常路"出事故游客将景区告上法庭

2011年10月16日,孙先生到沁阳神农山景区旅游。在入口处,景区管理局设置有旅游线路导示图和游客须知栏,提示游客按指定线路游览,不要到偏僻和设有禁行标志的地方去。可是,孙先生进入景区后,未按景区导示图指引的线路行走,脱离旅游线路后行至神农山庄附近一处悬崖处,向上攀爬采摘野菊花时,不慎跌落下来。景区工作人员及时发现后将孙先生送进了医院,但9万余元的医疗费到底该谁承担,双方却起了争执。

孙先生称,他行至神农山景区一处景点附近时,由于景区在道路旁未安装防护设施,也未设置安全警示标志,因路滑不慎跌落到山下。所以,景区应该赔偿其各项损失的80%,即72749.536元。

神农山景区管理局负责人则表示,景区已经对游客履行告知、警示、救助义务,而孙先生行走区域已经超出景区的安全保障义务范围。

最终,孙先生一怒之下将该景区管理局告上了法庭。法院审理认为,神农山景区管理局在景区入口附近设置了游客须知栏,提示游客应按指定线路游览。孙先生作为一名完全民事行为能力人,在进入景区后未按导示图指引的线路游览,而是攀爬悬崖导致跌落受伤,因此其应对自己受到的损害承担全部责任。最终,法院依法驳回了孙先生的诉讼请求。

沁阳市人民法院西向法庭庭长聂肖琼分析,如果景区内的基础设施存在一定的安全隐患,且管理上存在漏洞,导致游客发生事故,景区要承担一部分责任。相反,如果景区内基础设施完善,游客也被告知危险因素,再发生意外事故时,景区不承担责任。

在此,法官提醒游客,一旦发生意外应报警,要妥善保存门票、旅游合同,并尽可能通过拍照、寻找目击证人来证明损害事实、保留好相关医药费用清单。

资料来源:李国营. 游客不按指示游玩致摔伤 法院判景区不赔偿[EB/OL]. [2014-07-22]. http://news. xinhuanet. com/yzyd/legal/20140722/c_1111737445.htm.

技能训练

1. 以小组为单位,结合知识讲解的内容分析案例1中的事件,完成下面的表格。

案例	事故原因	安全事故类型	警示
事件1			
事件2			
事件3			
事件4			

2. 参考案例2,用图的形式完成"景区游客伤亡事故处理处理流程图"。

任务要求:将知识讲解中旅游景区游客伤亡事故处理的流程用图的形式表现出来,要求图简要、清晰;处理流程连贯,并符合景区安全事故处理的正确流程。

时间:60分钟

课外活动

　　课下以小组为单位调研附近一个景区,观察并寻找该景区存在的各种安全隐患,例如:陡峭、狭窄的山道上是否有防护措施？效果如何？在景区危险的区域是否有提示、警告的标牌？景区内是否设置了医务室？尽可能地拍下照片,根据调研的结果,制订一份××景区安全隐患排除方案。一周后上交。

项目六　旅游景区资源和环境管理

项目目标

技能点：

结合景区实际情况，对景区资源、环境的有效保护和管理方面能够提出建设性的意见与建议；能够为景区设施设备的定期维护、保养、维修、更新制订切实可行的制度和方案。

知识点：

了解维护和保养、维修和更新设施设备的主要内容和方法；熟悉景区资源的分类；掌握景区资源、环境的有效管理方法。

验收点：

通过此项目的学习，学生能够结合景区实际，对旅游景区的资源、环境进行有效管理，对景区设施设备的定期维护、保养、维修、更新有较深刻的认识和理解。

任务一　景区资源管理

热身活动

你在景区游览的过程中或是在最近的新闻报道中，发现了哪些旅游景区的景区资源被人为破坏的现象？你认为该如何解决呢？

知识讲解

一、旅游景区资源的含义

景区资源，就是指景区内具有旅游开发价值，能够吸引游客并能满足旅游需要的自然和人文景观以及旅游服务设施的总和。旅游景区是旅游业得以存在发展的核心载体。国家标准《旅游规划通则》(GB/T 18971—2003)对旅游资源的定义是"自然界和人类社会凡能对旅游者产生吸引力，可以为旅游业开发利用，并可产生经济效益、社会效益和环境效益的各种事物和因素，均可称为旅游资源"。景区资源和旅游资源相比较：后者强调吸引力，前者重视开发价值，两者有因果关系；后者强调广泛性和可能性，前者强调综合性。

二、旅游景区资源破坏的类型

对于景区资源和环境造成破坏的主要因素除了自然灾害、气候等自然因素外，还有景区的超负荷接待、低层次开发和过渡建设及游客的不文明行为等。

（一）超负荷接待

景区承受的旅游流量或活动量达到其极限容量，称为饱和；一旦超过极限容量值，即是超载。旅游超载的直接和直观后果就是旅游污染或拥挤。根据发生的时间和空间特点，景区饱和与超载可分为周期性饱和与超载和偶发性饱和与超载、长期连续性饱和与超载和短期性饱和与超载、空间上的整体性饱和与超载和局部性的饱和与超载。

偶发性饱和与超载造成的环境影响易消除；周期性的饱和与超载则可能造成无法挽回的、毁灭性的影响；长期连续性的饱和与超载多发生在大城市内或城市郊区，并且主要发生在文化古迹或其他的人工旅游吸引物场所。

饱和与超载对环境和设施的消极影响主要体现在四个方面：践踏后果、对水体的破坏、增加噪声和对设施设备的损毁。一些景点为了眼前的经济利益无节制地接待，来者不拒，多多益善，使景区人满为患、超负荷运转。特别是黄金周期间，形成了周期性的饱和与超载，对旅游资源的保护极为不利。例如，故宫三大殿内的金砖因长期以来游人饱和与超载造成快速磨蚀，已明显下凹。另外，在以自然资源为主的景区，饱和与超载使得动物受到恐吓逃离原来的栖息地，造成不良的生态后果。

（二）建设性破坏

建设性破坏是指在景区的开发建设过程中，由于缺乏科学的指导和有力的管理措施，在宾馆、电力、供水、通信、交通道路、商业点等设施建设时，对景区环境造成的不同程度的破坏。其主要包括在景区内乱砍滥伐、开山取石，从而破坏景观，并造成水土流失；在景区内大兴土木，修建各种设施，侵占景区；新老建筑布局不合理，风格不同，质量、色调不协调，破坏原有景观，影响视觉效果。建设性破坏的产生，一是因规划不合理或缺乏统一规划；二是因盲目追求经济效益，忽视景区建设的长远目标。这对旅游景观的破坏往往是难以补救的。

（三）生产性破坏

生产性破坏是指工农业生产对旅游资源的破坏和对旅游环境的污染。首先，旅游经营者在大量的工程兴建中、在日常经营工作中产生并排出含化学物质的废水，这些污染使原本清澈的河（湖、海）水浮上一层厚厚的水藻和油污，水生物无法生存，严重破坏了水生态系统的平衡。其次，不当的农业生产操作、砍伐树木、滥采乱挖等，严重破坏植物资源和旅游用地资源。研究表明，现在每年约有 10000 个物种消失，灭绝的速度是史前时期的 100～1000 倍。预计未来30 年，我们将失去 5％～10％的热带雨林，随之将有 60000 个植物品种，甚至更多的脊椎动物和昆虫灭绝。

（四）旅游管理不善带来的破坏

旅游资源是诱发旅游者出游动机的主要吸引物因素。按照中国的法律，土地归国家所有，国家是旅游资源的主人，即旅游资源的所有权归国家所有。但由于长期实行的条块分隔的资源管理模式，几乎每一个部门和地方政府都对旅游资源拥有或大或小的管理权和使用权。例如，目前吸引大多数旅游者的旅游区，包括国家级风景名胜区、自然保护区和森林公园、历史文化名城、全国重点文物保护单位等，它们分别归属住建部、国家林业局、国家环保总局、国家文物局等管理。一些寺庙道观等则分属国家宗教协会管理。在一些乡村地区，风景资源及其所在的山体、水体、土地、森林等属于乡村所有。因此，在开发过程中出现了村庄、乡镇自行上马，缺乏科学规划和市场定位，出现了破坏风景资源的不良现象。

（五）游客本身的破坏

人类对旅游资源的破坏主要包括两个方面："内源性"破坏和"外源性"破坏，主要表现为：大量旅游者的介入，加大了旅游区的承载负荷，游客的不良行为和保护资源意识的淡薄也是导致破坏的主要因素,如:旅游者在参与旅游项目如乘船、划船、漂流时不经意间对水资源造成的污染;部分游人的不文明行为如往水里乱扔废弃物、随意排泄以及毁林开荒所造成的水流失等;任意采集花草,破坏树木,部分素质低下的游客对文物古迹的乱刻乱画造成的资源破坏,使旅游景区的生态环境受到严重威胁;交通工具和游客的不断踩压,使土壤板结,影响植物生长;景区的超负荷接待增加了生活垃圾对环境的污染。另一方面,由于人文旅游资源所具有的文化性,开发会带来外来文化的冲击。这可能是对旅游资源的毁灭性打击。尽管旅游者与资源所在地的交流和影响以及两种文化的作用是相互的、双向的,但事实上,外来文化、外来旅游者对旅游地的冲击和影响远大于他们所收到的资源地的影响。对人文旅游资源而言,旅游活动的开展也会导致人文旅游资源的差异性和特质的消失。例如旅游者的高消费、衣着方式等现代生活习惯,会同化边远地区的民俗风情,致使地方文化和民族文化逐渐失去个性等。

(六)旅游开发与规划不当造成的破坏

在旅游资源开发中,规划不当也会破坏生态平衡,影响旅游景观,失去旅游资源特色。在旅游资源开发中,规划不当也会造成旅游资源特色及景观的破坏。例如,云南大理在旅游开发过程中曾一度由于片面考虑古城石板地面不利旅游车行驶,将石板路改为柏油路,与古城风貌格格不入,破坏了古城的特色。

三、旅游资源的保护措施

(一)尽量减缓旅游资源的自然风化速度

露于地表的旅游资源要完全杜绝自然风化是不可能的,但在一定范围内改变环境条件,使之风化过程减缓是完全有可能的,如将裸露在风吹日晒下的旅游资源加罩或盖房加以保护。

(二)杜绝人为的破坏现象

1. 旅游业发展中,要把旅游资源保护放在首位,思想观念上要重视

旅游资源开发的目的是利用资源而不是破坏资源。在旅游资源开发的同时,一定要注意保护旅游资源,开发交付使用时,也要制定出一套相应的保护措施。在旅游资源管理中,宏观上要严格按法规条例执行,微观上还需有一套适合当地特点的保护管理措施,真正把旅游管理保护工作落到实处。

2. 加强旅游资源保护知识的宣传和教育,必要时还要开发可替代物

通过各种途径大力宣传旅游资源的价值及其保护知识,提高全民素质,他们即可了解旅游资源是千百年自然造化和人类文化遗产的精髓,是人类精神需求的宝贵财富;旅游资源是脆弱的,一旦破坏,将难以复原。有时还需改变人们的陈旧观念,如中国人很迷信冬虫夏草等中药,认为它可治百病,故而使西南地区大面积的冬虫夏草被挖,如此一来,不但使冬虫夏草遭殃,而且破坏了当地脆弱的生态环境。

3. 健全旅游资源法制管理体系

将旅游资源保护提高到法制高度,对保护工作将起到极为重要的作用。我国的全国人民代表大会和国务院为此颁发了《文物保护法》《风景名胜区条例》《旅游法》等法律法规。这些法律法规出台后,起到了十分积极的作用,但仍然还存在旅游资源受到人为破坏的现象。究其原因:一是保护法的宣传普及不深入、不广泛,许多人根本就不知道自己做的事违反了法律法规;二是即使知法,也因为部门利益和眼前利益而执法不严或置法于不顾。因此,既要有法,还要宣传法、执行法,真正健全旅游资源法制管理体系,完善各景区的保护系统。

4.重要景点要限制客流、分流客源

对于北京故宫、敦煌莫高窟这些游人如织的景点,可采取规定日最高客流量等措施,减轻由人员超载带来的负面影响。

5.对已破坏的旅游资源进行修复或重修

(1)整修复原。

对古建筑的修复,应遵循"修旧如旧"的原则。如2001年中央电视台曾现场报道了四川乐山大佛的修复情况。因年久失修,大佛身上"人迹斑斑",甚至长了小树。修复时采用稻草、米浆等原材料,保持了大佛的原貌,效果显著。

(2)仿古重建。

历史上一些有名的建筑,由于自然或人为原因已从地球上消失,但因其具有很高文化旅游价值,可以适当重修,以再现建筑的风貌。如武昌黄鹤楼为我国三大名楼之一,民国初年被付之一炬。1954年修建武汉长江大桥时原址又被南岸桥头堡所占。后在原楼址南侧一公里处重修了黄鹤楼,保持了原有的塔式楼的风格和江、山、楼三位一体的意境,是仿古重建的成功一例。

案例参考

案例1:古城墙装电梯,太煞风景

据《工人日报》报道,近日,具有600多年历史的西安城墙南门瓮城城墙上要修建电梯一事,引发民众质疑,担心这种"混搭风"会破坏文物的完整性及观赏性。

巍巍古城墙,粼粼护城河,一直是"十三朝古都"西安的象征之一。西安古城墙据说始建于明洪武年间,至今已有600多年历史,是世界上现存最完整的古代城垣建筑,显示了我国古代劳动人民的聪明才智,也为研究古代的历史、军事和建筑等,提供了不可多得的实物资料,其文物价值,由此可见一斑。而给西安古城墙装电梯,即使"不占用、不破坏城墙本体",也是一种破坏文物整体风貌之举。

具体而言,加装电梯会破坏古城墙的天际线、线型美以及环境的原真性。有论者指出:"文物在人类文化构建中,必然与环境结合在一起,每一文物都处在一个相应的环境之中,文物与环境是有机的统一体,有着依存、烘托和融合的关系。"换言之,周边环境是文物赖以生存的母体,保护文物不仅要保护文物本身,还要保护好文物的本真环境。给古城墙加装现代化电梯,肯定会破坏文物的完整性及观赏性,破坏文物的整体风貌。

文物的整体风貌,也应该是文物保护的范畴之一,保护了文物的整体风貌,才能够说保存了它的历史遗留原貌。现在的问题恰恰在于,我们的文物保护意识虽然在增强,但仅限于保护文物"本尊",仅仅追求"不占用、不破坏城墙本体"。可是,当文物被现代化"裙裾"加身,又如何保持它的旧有风貌?一旦现代设施攀附上文物,它的历史韵味将会慢慢消失。这恐怕就是民众质疑的深层根源。

表面上,西安城墙景区加装电梯,是为方便游客,深层次看,可能是为增加旅游收入——据说近年来,"夕阳红"团队是城墙景区重要的游客群体,老年人对登城辅助设施的需求较大。方便游客的心理可以理解,但文物保护的根本宗旨不能丢——保护修缮文物是给文物"治病",不单纯为发展旅游业。故联合国教科文组织在评定世界文化遗产时要求,"不但要保护文物本体,而且要保护文物的环境、历史地段,以及历史风貌"。

古城墙"混搭"电梯再次折射出文物保护的乱和痛。这种乱和痛近年时有发作。2005年，南京曾计划在玄武湖西侧的明城墙两侧架电梯，引发很大争议；2010年，南京600多年鼓楼大修，也曾被曝"鼓楼肚里装电梯"。这些文物的属性和价值都险遭破坏。与"走得太累就该装电梯"相比，老祖宗留下的文物是不是更应该珍惜？

由此可见，完善文物保护法规，增强文物保护意识，强化文物保护责任，提升文物保护能力等，都迫在眉睫。

资料来源：何勇海.古城墙装电梯，太煞风景[N].中国旅游报，2014-07-09(2).

案例2：利益相关者视角下生态旅游资源保护与开发研究——以张家界黄龙洞为例

通过对四类核心利益相关者的关系和主要利益诉求的分析(见表6-1)，保护与开发黄龙洞生态旅游资源必须统筹兼顾，在尊重各利益相关者利益诉求的基础上，正确处理好彼此之间的关系，并采取多种措施充分发挥每一利益相关者的职能。

表6-1 核心利益相关者的主要利益诉求

核心利益相关者	主要利益诉求
地方政府	增加财政收入，优化产业结构，促进张家界经济发展等
旅游者	欣赏溶洞景观，愉悦身心等
当地居民	获得优惠条件，增加经济来源途径，提高生活水平等
张家界的旅游企业	追求利益最大化，最大程度为旅游者提供产品和服务

1.各级政府———优先规划，有限主导

湖南省政府及张家界市政府要优先规划，确定旅游产业在张家界经济中的战略定位，对黄龙洞的生态旅游资源进行合理的保护与开发，走可持续发展的道路。尽快完善生态旅游保护与开发过程中的法规与政策，建立合理的管理体制制度，制定有效的政策框架和约束条件，协调各利益群体之间的沟通与合作，监督旅游企业的行为，对黄龙洞的生态旅游资源采取有效的保障措施；促进黄龙洞居民参与的有效开展，为黄龙洞居民创造教育和培训机会，在发展生态旅游的同时，注重地区本身的内涵发展，而不仅以发展旅游为目的，使各部门对生态旅游资源的保护与开发有法可依、有章可循。同时，地方政府职能应该从完全主导转化为有限主导。政府要不断弱化自身的经济职能：将微观层面的职能转由市场机制去完成，通过旅游产业政策来引导调控旅游开发商和旅游企业的经济行为，从宏观方面把握旅游产业空间布局、旅游产业结构、旅游产业战略定位、旅游战略目标等战略性、全局性的问题，对旅游企业的环境意识和环境保护技术水平进行考察，确保环保措施可行，加强环境审计等，以此来引导旅游企业对黄龙洞生态旅游资源合理的保护与开发。

2.旅游企业———绿色营销，科学执行

张家界市旅游企业应该充分利用黄龙洞的生态旅游资源，进行绿色营销，特色化经营，大力开发一些生态产品，注重产品质量，而不片面追求量的扩张，并注意协调好与黄龙洞居民的利益关系，向黄龙洞居民提供较多的就业或培训机会。同时，旅游企业应该科学地执行地方政府的政策，在对黄龙洞的生态旅游资源的开发过程中，应遵循开发与保护并举的原则，对于不会破坏黄龙洞生态旅游资源的项目，要以开发利用为主，大力开发建设；对于一些稀缺的、不可再生的生态旅游资源，则应以保护为主，在不破坏资源的前提下，有限度地、科学地开发利用，防止过度开发。做到在保护中开发，以开发促保护，走可持续发展之路。同时，可在旅游区划分保护范围,实行分级保护,根据保护对象的特性和科学管理技术要求,确定保护级别,实行分类保护和分区保护相结合的方法,既能保护到整个黄龙洞范围,同时又能满足各类生态旅游资源的特殊保护要求,维持生态平衡。另外,旅游企业可以在黄龙洞旅游外面设立一些具有环境教育功能的基础设施,通过一些奖惩措施来对旅游者进行黄龙洞资源的保护教育。这就要求旅游企业应该既具备获得经济收益的经营能力,更需要有资源保护意识和专业技能。

3.旅游者———明确动机,环保出行

旅游者应该明确旅游动机与目的,如了解黄龙洞的文化与自然历史知识;了解当地居民的宗教信仰、传统习俗,以便在旅游过程中,尊重其文化,促进不同文化间的了解;欣赏和研究黄龙洞的溶洞景观;感受黄龙洞里的迷宫,开阔视野,放松心情等。另外旅游者应该环保出行,在旅游过程中保护好洞中的溶洞资源,自觉约束自己在黄龙洞中的行为,对那些惟妙惟肖、栩栩如生的象形俏物,要时刻提醒自己不要用手抚弄、拍打,一不小心就会碰伤景观;也不能在溶洞里面乱扔果皮杂物,甚至随地大小便;更不能为了凸显自己,在禁止摄像处拍照或随意刻上“××××到此一游”的标志,惜以“流芳百世”等不文明行为。总之,旅游者应该提高自己的环保意识,要尽量减少对黄龙洞生态旅游资源的负面影响并且积极参与各种保护活动,通过自身的行为保持并改善黄龙洞的生态环境作贡献。在旅游活动结束后,能够将环境保护和文化尊重的意识融入其现实生活之中,并向同事邻居等宣传黄龙洞旅游资源保护,通过自主的行为来推动生态多样性的保护,从而推动黄龙洞资源的可持续发展。

4.当地居民———有效监督,积极保护

在黄龙洞生态旅游资源开发过程中,当地居民应该通过各种途径参与到其中,并且协助政府对旅游企业做好监督工作,确保黄龙洞资源得到合理的保护;同时,当地居民应该自觉维护洞中资源,为前来观光浏览的游客树立一个好榜样。此外,通过各级政府的教育与培训认识到自身积极地保护良好的生态环境和淳朴的人情与文化是对生态旅游者的重要吸引,在改善自身物质生活条件的同时,懂得欣赏和珍惜洞内所具有的传统特色与文化,认识到提高自身文化素质与能力是发展的出路。只有当地居民不断提高自己的生态素养,并通过积极主动的参与,更好发挥地方特长和传统,比如土家族歌舞表演、哭嫁等习俗,增加生态旅游地的吸引力,才能维持自然保护区的可持续发展。由于张家界黄龙洞的生态旅游是基于社区居民的生活环境发展起来的,所以,只有居民真正参与到黄龙洞资源的保护与开发中来,才能真正实现人与自然的和谐发展,也更能体现张家界生态旅游的魅力。

资料来源:樊敏,蔡建刚.利益相关者视角下生态旅游资源保护与开发研究———以张家界黄龙洞为例[J].现代商贸工业,2013(5).

技能训练

小组讨论:

1.案例1中给“西安古城墙装电梯”合适不合适?现代设施的便利和古朴韵味的保护应该怎样去平衡?

2.参考表6-1,将案例2中每一利益相关者应该对旅游资源保护采取的方法和措施也用表格的形式表现出来。

讨论结束后将讨论结果落实为文字上交。

时间:45分钟

课外活动

各小组课下通过网络、报刊、书籍来查找最近发生的旅游景区资源遭到破坏或开发利用不当的新闻或案例。要求每个小组查找的新闻或案例不得少于五个,并结合知识讲解的内容,分析查找到的新闻和案例,将新闻或案例中出现的资源破坏现象的原因进行分类,并针对出现的问题,提出景区资源保护的合理化建议。每个小组将查找的新闻和案例整理,并将分析的结果和建议落实为文字,一周后一起上交给老师。

任务二 景区环境管理

热身活动

旅游资源和旅游环境质量是旅游业存在和发展的基础。长期以来,人们总把旅游发展仅仅视为一种经济活动,片面追求其经济效益,而忽略了旅游活动对环境造成的负面影响。那么现今旅游景区环境问题产生的原因都有哪些? 该如何进行景区的环境管理呢?

知识讲解

一、旅游景区环境的概念

旅游景区环境是指所有能影响旅游景区建筑物的质量及其旅游业发展状况的各类因素,包括人的要素以及物的要素。旅游景区环境是景区旅游价值的重要组成部分。一个拥有良好的旅游环境的景区必然具有较大的旅游价值以及对游客有较大的旅游吸引力。

二、旅游景区环境的构成要素

旅游景区环境通常包括自然环境、服务环境以及社会环境等三大构成要素。

1.自然环境

旅游景区的自然环境是指影响旅游景区存在和发展的各种自然要素,是与景区旅游活动相关的各种地球表层因子的总和,这些因子构成了景区存在的基础。景区自然环境具有自然美的形态、绚丽的色彩、悦耳的声响及动态等美感,它为游客提供了观赏、游览、探险猎奇、避寒避暑以及各种娱乐消遣活动的场所和条件,可使游客感受到大自然的壮美神奇,开阔视野,增长知识,丰富情感,身心得到积极的休息。景区的自然环境主要包括生态环境和自然资源两个方面。

(1)生态环境。生态环境是构成景区生态系统的各种要素的集合,主要包括大气、水、土壤、地质、植被、野生动物等,是构成旅游景区基本结构的基础。

(2)自然资源。自然资源在这里特指影响旅游开发的自然资源,包括自然景观资源和自然能源(包括风能、太阳能、潮汐能、波能等)。景观资源是景区发展的重要物质支撑,它是景区吸引力的构成要素。

2.服务环境

服务环境是指为了旅游景区的生存和发展而由人工进行设计、开发所形成的硬件服务设施与景区服务人员所提供的服务的总和。它包括设施和服务两部分。

（1）设施。景区设施是专为旅游活动而建造，供旅游者使用的专门设施。在景区管辖的地域范围乃至其外围保护地带内，为游客的旅游活动提供饮食、住宿、交通、游览、购物及文娱、体育活动而建造的人工设施，统称为景区旅游设施。景区设施包括景区内的各种市政设施，如给排水设施、供电设施、供暖设施、邮电通信设施；各种交通工具和设施，如电瓶车、步行道、游船码头等；各种景区导识设施；景区环境景观设施；各种服务设施，如住宿、餐饮、购物、娱乐设施等。景区设施是为旅游者提供服务的平台和手段，景区设施质量的高低直接关系到旅游者的切身感知。

（2）服务。服务主要指工作人员所提供的软服务。景区是向民众宣传环境保护的重要和有效的窗口，也是展示一个国家或一个地区公民文明程度的集中地。因此，服务质量是旅游景区的生命，优质的景区服务能够带给旅游者较高的满足感。景区服务主要包括环境与卫生、售票、游览接待、信息指示、公共厕所、停车场、餐饮、交通、购物、休憩、邮电、照明、安全、医疗救护等方面的内容。

具有相当素质的从业者，尤其是高水平的管理者是景区服务质量提高的根本所在。从优化景区服务环境的角度考虑，景区应加强对员工服务质量和服务意识的培养。

3. 社会环境

社会环境是指人类生存及活动范围内的社会物质、精神条件的总和。景区社会环境是指对景区存在和发展产生影响的社会因素，一般由景区所在区域的社会和人文积淀构成。社会环境包括：

（1）人文环境。人文环境包括当地的文化习俗、历史古迹及居民对旅游开发的态度和承受力等。

（2）经济环境。经济环境主要是指旅游开发的经济背景和能力，包括当地社会生产和生活水准、就业及经济条件等。

（3）管理环境。管理环境包括当地政府机关及旅游业的管理服务状况和治安环境以及当地的社会管理、旅游政策、旅游气氛。

（4）游客与居民环境。游客与居民环境主要包括游客与居民的心理、居民的生活方式、游客的文化素质及审美情趣。

从上述的分析可以看出，旅游景区环境是一个综合的概念，它既包括自然因素，也包括社会因素；既包括内部环境，也包括旅游景区的周边和外部环境。旅游景区环境是一个包含着众多方面要素的复杂系统，它由许多相关联的影响因素所构成，其中有旅游客体，有旅游主体，也有连接主客体的中介——旅游服务业。作为旅游主体的广大游客，他们多以个体或群体（旅游团体）的形式出现，也应成为旅游环境的一部分。景区环境又是一个开放系统，它与外部环境不断发生着信息、物质及能量的交流。景区环境系统像其他环境系统一样具有自适应性，这种自适应性可以使系统在受到外部干扰时，进行自我调剂，以使系统维持良好状态。

三、旅游景区存在的环境问题

（一）环境污染

1. 水污染

工业废水、生活废水及旅游区废水不加净化或净化不达标便排入区内水体，会使水体旅游资源受到严重污染。这些污染使河水不再清，使湖泊富营养化，造成水生生物无法生存，严重破坏了水生态系统的平衡。2007年的太湖，一场蓝藻诱发的生态灾难让两百万无锡市民守着太湖却要抢购纯净水饮用,昔日的"鱼米之乡"成了鱼的"坟墓"。除太湖外,我国还有巢湖、滇池等景区,水体污染都极其严重。

为了防止景区水污染,景区必须建设污化池和沼气池,实现污水相对集中处理,旅游生活污水处理率要达到规定的要求。

2.大气污染

旅游离不开交通,交通工具是使旅游者从居住地转到风景区的载体,而汽车尾气在空气中四处弥漫,不仅污染空气,而且对人体也极为有害。景区附近的居民燃烧原煤,景区内的企事业单位、宾馆饭店和餐饮经营单位产生的油烟都对景区大气造成污染。

3.噪声污染

当前很多旅游景区摆摊设点的现象很严重,小摊小贩为了吸引游客的注意,便在景区内大声叫卖,有的甚至用高音喇叭招徕顾客,还有导游手持各种扩音设备招集游客的声音,所有这些声音混杂在一起,使得旅游景区就像热闹非凡的集市,致使整个旅游氛围受到极大影响。

为了防止噪声扰客,景区应该规定景区内各经营场所、各住户在规定的时间段必须将音量调低,对外音量排放不得超过规定值。

4.固体废物污染

旅游区配套设施不完备及旅游者本身素质较低等,致使与旅游有关的服务性行业产生大量固体废物不加处理或处理不当便丢弃于景区,严重污染景区环境。

景区产生的生活垃圾要实行可降解、不可降解和危险固废分类处理,应指定地点堆放,并建立密闭的垃圾收集站,由当地环卫部门用专门的设备收集和定时清理,保证日产日清,送垃圾填埋场进行卫生填埋,或全部运出景区处理,不得随意丢弃。

5.土壤污染和土壤板结

景区内含有各种有害物质的废水、废渣会对景区土壤造成污染,致使土壤中所含的营养成分越来越少,盐碱化、土壤呈酸性等现象越来越严重。

旅游对地表植物所赖以生存的土壤有机层往往有很严重的冲击,如露营、野餐、步行等都会对土壤造成严重的人为干扰。土壤一旦受到冲击,物理结构、化学成分、生物因子等都会随之发生变化,并最终影响土壤上植物的繁衍与生长,昆虫、动物也会随之迁徙或减少。游人在景区的超负荷活动加剧了土壤的板结化,加快了古树名木的死亡速度,土壤板结也导致地表土进一步流失和侵蚀。

(二)生态破坏

生态破坏(又称环境破坏)是指人类不合理地开发、利用自然资源和兴建工程项目而引起的生态环境的退化及由此而衍生的有关环境效应,从而对人类的生存环境产生不利影响的现象,如水土流失、土地荒漠化、土壤盐碱化、生物多样性减少等。生态环境是最宝贵的旅游资源,是旅游业发展的重要基础和必备条件。由于生态系统具有整体性、不可逆转性和长期性,一旦遭受破坏,所带来的损失是巨大的,甚至有些生态损失是不可弥补的。景区中存在的主要生态破坏有:

1.植被破坏

人类的旅游活动对地表植被和植物的影响可分为直接影响和间接影响两大类。直接影响行为包括移除、踩踏、火灾、采集等;间接影响包括外来物种引入、营养盐污染、车辆废气、土壤流失等问题。这些都会间接地影响植物的生长和健康。

（1）大面积移除。这是人类旅游活动对植物的最直接伤害。比如，为兴建宾馆、停车场或其他旅游设施，大面积的地表植被被剔除，甚至还从外地搬来其他土壤进行客土，以符合工程上的要求，这无疑是对植物族群"抄家灭族"的行为。

（2）游客践踏。在旅游活动对植物的影响中，游客践踏是最普遍的形式。只要游客一踏上公园或绿地，他的双脚就可能施压于植物身上。游客对植物践踏行为会引起一系列的相关反应，如会影响到植物种子发芽，因土壤被踩实而导致幼苗无法顺利成长；对于已成长的植物，则可能因踩踏而导致其生理、形态等发生改变；步行道规划设计不合理，也可能影响到濒危植物物种生长；游客所搭乘的交通工具常会留下车痕，造成植物组成的改变。

（3）采集。采集也是对植物的一种伤害行为。游客最常见的采集动机是想摘下某朵漂亮的花，或想尝尝果实的滋味，或是想带一部分植物回家种植。此外，许多游客迷恋植物的疗效，一到野外看见药用植物就摘，使许多药用植物的天然族群愈来愈少。

此外，由于游客不慎或管理不善导致的森林火灾，致使植被覆盖率下降；任意砍伐树、竹做木屋、竹屋和烧柴等，毁坏了一些幼木，改变了森林树龄结构；大量垃圾堆积，导致土壤营养状态改变，还会造成空气和光线堵塞致使生态系统受到破坏等。

2. 资源的过度开发

在一些景区，为了盲目追求经济利益的最大化，通过依靠增加旅游景点，加快资源开发利用强度和速度来扩大旅游规模，不合理地开发利用自然资源，砍伐森林，破坏植被，从而导致水土流失。不少景区过多兴建基础设施与建筑物等均对景区的生态环境造成了严重破坏。

3. 对野生动物的保护构成威胁

景区的开发可能会破坏野生动物的栖息地或庇护所。游客到达景区后，无论是旅游活动本身或是游客所制造的噪声都会干扰野生动物的生活和繁衍。而且一般游客总喜欢"又吃又拿"，嗜吃各种山珍海味，又偏爱收集各类野生动物制品，这样野生动物的生命就受到了威胁。

（1）干扰。游客从事户外旅游活动时，不可避免地会对生存其中的动物尤其是较为敏感的鸟类和哺乳动物造成干扰。例如，西双版纳的象谷，由于大规模游客的进入，影响了野象的生活规律，使经常出没于原始森林溪水旁的野象，现在只是偶尔有一两头到此活动；游客从事水上活动也可能对水鸟族群造成威胁，使水鸟不能正常孵蛋，导致失温；天鹅或水禽还可能被钓客的钓钩挫伤，或食入钓鱼用的小铅块而丧命。游客使用各种旅游设施时所产生的噪声也是一大影响因素，如手提音响、水上摩托车、汽艇均产生极大的噪声，这对动物的影响相当大。同时，水上各种船舶还可能产生油污污染，从而影响水中生物的生存。此外，游客在沙滩上的活动也会影响动物的生长，如影响海龟产卵等。

（2）对野生动物的消费。在旅游活动对野生动物的影响中，游客对野生动物的消费行为最为严重。一些游客爱吃山珍，各种珍禽异兽只要没有毒，都有可能成为他们猎食的目标，造成这些族群数量的下降甚至绝迹。除了吃之外，有些游客还喜欢购买野生动物的相关制品，如动物毛皮、象牙等；许多海域原本有各式各样的贝类，但大量供人食用以及被制成各式纪念品后，贝类的数量锐减。

（三）景观破坏

近年来，景区的人工化、商业化、城市化使景区越来越受到建设性的破坏。有的景区出于经济目的，热衷于旅店、宾馆的建设，盲目扩大旅游区，修建旅游设施，破坏了景观环境。

为了节省游人体力，方便游人，不少山岳风景区都修建了旅游客运索道，盘山公路也差不多修到了地形条件再也不允许修筑公路的地方,山地之巅或核心景区盖起了星级宾馆。尽管在建索道、铺电缆、修公路、盖宾馆的过程中力求不改变山体形态,但开山炸石、剥离地表植被都是不可避免的。旅游交通和服务设施建设带来的景观问题并非少见。一是开山炸石、剥离地表植被直接破坏景观,开挖生石面和倒石堆有碍观瞻。二是剥离地表植被引起水土流失。如果开挖面使上部岩体失去支撑,遇震动或足够的降水,还有可能引发滑坡、塌方、危岩崩落,造成交通中断甚至人员伤亡。

四、旅游景区环境问题产生的原因

旅游景区环境问题产生的原因是多方面的,既有自然的因素,也有人为的因素。自然因素对旅游环境的破坏多为不可抗拒的自然灾害造成的,如地震、火灾、洪水、滑坡、海啸、火山爆发等。但从当前形势看,人为因素造成的旅游景区环境问题占主要方面。

(一)旅游资源开发和建设对旅游景区环境的影响

近年来,很多地方政府及旅游部门片面追求经济效益,对旅游资源作过度性、掠夺性的开发,使许多地方的旅游资源遭受不同程度的污染和破坏,这必然会使整个旅游景区环境遭到破坏。旅游景区的开发和经营主体受经济利益驱使,在景区内大兴土木,大建宾馆、疗养院、高档别墅和旅游度假村等,使得景区城市化、商业化现象严重,破坏了景区环境。一些景区的很多建筑甚至抢天占地,使历史文化遗迹淹没其中,成为孤岛,因而失去了景观价值。

(二)旅游活动对旅游景区环境的影响

目前我国旅游市场上,国内游客规模迅速壮大,但部分游客素质比较低,环境意识淡薄,不文明行为比较普遍,由此导致生态破坏和环境污染现象比比皆是。随地吐痰、便溺、乱扔垃圾、乱刻乱画、随意践踏采摘等不文明行为都对旅游资源和旅游环境造成严重破坏。这些行为极大地破坏了旅游资源,增大了旅游资源保护的难度。在旅游旺季时,大量游客的涌入影响旅游地野生动植物的生存环境,大量游客的踩踏使土壤板结,使许多林木由于不能正常吸收水分和营养而慢慢枯竭,造成自然资源遭受严重威胁,进而导致整个旅游景区环境遭到破坏。

(三)人类经济活动对旅游景区环境的影响

人类的经济活动排放的"三废"和噪声污染,使旅游区的自然景观生态环境质量下降,游客的游览兴致也因环境的污染而降低。许多林区的树木被砍伐,使得许多野生动物无栖身之地而逐渐灭绝,使森林的生态功能逐渐被破坏,造成水土流失,生物多样性锐减,致使旅游景区环境的退化速度加快。

(四)政策失误对旅游景区环境的影响

在我国旅游界、理论界和政府某些决策中或多或少存在这样一种观念,即"旅游业是无烟工业,不会像其他产业那样对环境造成污染",并且旅游资源主要是由可再生性资源组成的,旅游消耗是"非耗竭性消耗",所以较少考虑旅游资源的可持续利用。在这种传统观念的指导下,政府制定的有些有关旅游业发展政策缺乏综合性和科学性。这种现象极易造成旅游资源开发和建设的发展速度过快,进而加快旅游资源环境的退化。

(五)市场失灵对旅游景区环境的影响

市场失灵最主要的表现就是旅游资源的产权不明确。当前我国旅游资源的所有者、使用者和管理者往往都是不分的,这必然使旅游资源的产权模糊,导致旅游资源的法人代表难以确定。一些旅游企业在开发旅游资源时追求利润最大化,而对环境保护却根本不重视,这种现象最终的结果就是极易造成旅游景区环境的破坏。

(六)影视拍摄对旅游景区环境的影响

当前很多电影电视片选择在风景优美的旅游景区拍摄,对旅游环境造成不同程度的破坏。比如,2004 年电影《无极》在云南香格里拉拍摄时,摄制组在碧沽天池修建了长约 100 米、宽约 4 米的砂石路面和长约 20 米的铺有木条的道路,搭建了"海棠精舍"临时建筑物,天池边禁伐区的一片高山杜鹃林被推平。"海棠精舍"及砂石道路等破坏了碧沽天池周围部分高山草甸和高山灌丛植被,被砍的高山杜鹃林也将难以恢复,这对碧沽天池周围的生态旅游环境造成了较严重的影响。

(七)自然因素方面的原因

自然因素对生态旅游资源和环境的破坏,在大多数情况下是人类无法改变的,它包括正常变化与异常变化两种。正常变化往往是自然力量,如风吹、雨淋、日晒、水流冲蚀、病虫害及腐蚀等作用而引起的变化,主要改变景观形态、颜色和结构,导致其质量变化或破坏。异常变化主要指火山爆发、崩塌、滑坡、泥石流、洪水、台风、海啸、自然森林火灾等,往往造成资源与环境的毁坏性破坏。

五、旅游景区环境保护的原则

(一)遵守国家法律法规

自改革开放以来,随着我国法律体系的进一步完善,国家已经颁布了一系列有关旅游景区环境保护的法律法规,有关部门和单位必须严格贯彻执行。

(二)坚持"保护中开发,开发中保护"的原则

在旅游景区开发中,必须树立"保护中开发,开发中保护"的意识。在风景名胜区及其外围保护地带内,不得建设工矿企业、铁路、站场、仓库、医院等同风景和游览无关以及破坏景观、污染环境、妨碍游览的项目和设施。景区建设中禁止滥伐树木、开山采石、破坏溶洞、污染水面等破坏性行为,旅游设施的布局、高度、体量、造型、风格和色彩等,都必须与周围景观和环境相协调。

(三)坚持"修旧如旧,新建如旧"的文物古迹修复原则

对文物古迹进行修缮、保养、迁移,必须遵守不改变文物的原状,即要求"修旧如旧,新建如旧",以防止出现文物古迹修复中的随意更改、占用、破坏文物古迹的行为。

(四)防治与保护并重

旅游资源大多是不可再生资源,一旦遭到破坏,就无法恢复原状,也带来不可估量的生态效益、社会效益与经济效益的损失。例如,治理环境污染往往需要花费大量的人力、物力和财力。我国确立了"预防为主、保护优先"的环境保护方针,旅游景区必须坚持保护优先、预防为主,避免走入"先污染,后治理"的歧途。

(五)坚持"四个兼顾、四个第一"原则

在旅游开发中要做到保护与开发建设兼顾,保护第一;生态效益与经济效益兼顾,生态效益第一;长远利益与当前利益兼顾,长远利益第一;全局利益与局部利益兼顾,全局利益第一。

六、旅游景区环境管理方法

景区环境管理方法主要有法律方法、经济方法、教育方法、行政方法、技术方法等。

(一)法律方法

法律方法是旅游景区环境管理的一种强制性措施。旅游景区环境管理一方面要靠立法,

把国家对景区环境保护的要求和做法全部以法律形式固定下来,强制执行。目前,在我国与旅游景区环境相关的法律法规主要包括:①环境保护基本法;②环境保护单行法,包括水污染防治法、大气污染防治法、环境噪声污染防治法、固体废物污染环境防治法、海洋环境保护法以及土地管理法、水法、森林法、草原法、野生动物保护法、水土保持法等;③环境保护行政法规和部门规章,直接针对旅游景区的法律法规包括风景名胜区条例、文物保护法以及一些地方旅游景区的管理法规等。

另一方面还要靠执法。景区管理部门要向违反旅游环境法规、污染和破坏旅游环境、危害旅游者健康等的犯罪行为进行斗争。景区管理部门要协助和配合司法部门,按景区环境法规对严重污染和破坏景区环境的行为进行处罚,直至追究法律责任,也可依据环境法规对危害景区环境的单位或个人直接给予各种形式的处罚,责令赔偿损失等。

(二)经济方法

经济方法是指通过经济杠杆来调节景区管理和旅游者行为以提升环境质量的管理方法,经济方法通常具有较强的激励效应,对有关主体具有刺激性,且主体对刺激的反应具有灵活性。对于调节对象而言具有良好的效果。

常用的经济调节方法包括税收调节、环保费用征收、经济奖励与处罚等。

环境税是国家税收的一种形式,通常是指对一切开发、保护环境资源(包括环境容量资源)的单位和个人,按其对环境资源的开发利用、污染、破坏和保护的程度进行征收或减免的一种税收。环境税收的目的,主要是使企业产生财务上的持续的压力,诱发最低费用的污染削减,不断地刺激排污企业探索减少污染、保护环境的途径。环境税是各种经济手段中最纯粹的一种市场经济手段。与其他经济手段相比,它的应用范围更广,几乎可以覆盖所有与环境有关的问题。在选择基准和征收额度方面,也具有更大的灵活性。景区环境管理过程中,政府可以通过税收的手段来引导景区和旅游者自觉遵守景区环境保护的要求。例如,为了控制旅游景区的旅游者数量,减少过量旅游者带给景区环境的压力,政府可以通过适当征收环境税的形式来约束景区,从经济上施加压力,迫使其尽量降低景区经营活动对环境造成的负面影响。

环保费用征收是指对于产生环境污染或导致景区环境质量下降的组织征收排污费的方法。环保费用的征收同样能够直接影响到景区的经营效益,因此,能够从根本上激励景区产生环境保护的意识。环保费用的征收主要包括排污收费、超标排污收费、环境保护保证金的预先征收、非环保产品收费等。

经济奖励与处罚包括对为景区环境优化作出贡献的组织和个人予以奖励,对破坏景区环境的组织和个人给予经济处罚两个方面。

(三)教育方法

教育方法是景区环境管理中最常用的方法。旅游景区环境管理的教育方法是指通过各种媒介向公众传达保护环境的相关知识,从而达到提高公众的环境保护意识,促进景区旅游环境质量提升的目的。

景区环境教育的对象主要包括旅游景区工作人员、景区周边居民以及来景区旅游的旅游者。

景区工作人员是旅游景区总体规划和有关政策法规的执行者,也是日常旅游管理的实施者;既是环境教育的组织者、实施者,同时又是接受教育的群体。对他们的环境教育主要是加强其责任心和事业心,积极更新观念,学习并掌握环境保护的基本知识和基本技能。

景区周边居民作为环境教育的对象,一方面,他们是当地自然资源的直接利用者,他们对自然资源和身边环境的认识和行为,直接关系到旅游区资源的有效保护程度;另一方面,他们是旅游景区共管的主要参与者,他们对旅游景区的认识直接关系到共管水平和地区长远建设目标的实现。对于他们,首先要耐心地宣传国家有关环境保护的政策法规。

游客是旅游景区环境教育的重点。游客是旅游活动的亲身参与者,是旅游环境的一部分,也是旅游环境教育的监督者和实现者。应向游客宣传有关旅游环境的知识,使其形成良好的环境保护意识,成为旅游环境教育的积极参与者。因为游客众多,成分复杂,活动范围广泛,流动性很强,故对游客的教育应重点放在旅游环境教育的日常工作中,使游客充分认识到信手攀折、摘取花草树木、乱扔果皮杂物甚至随地大小便、随意刻"×××到此一游"等不文明行为均会降低景区的旅游价值。

因此,为了创造舒适优美的旅游环境,一方面要加强宣传教育,努力提高游客自觉爱护景区旅游资源、保护景区旅游环境的自觉性;另一方面要制定切实可行的景区环境保护措施,如增设果皮箱,对重点文物和著名景物增设钢网护罩等。

(四)行政方法

行政方法是国家通过行政机构采取强制性的行政命令、指示、规定等措施,作用于直接管理对象的一种方法。行政方法在现实生活中还是很常见的,如环保局的检查、政府的命令等。行政方法具有权威性、强制性、垂直性、具体性、非经济利益性、封闭性等特征。在我国,行政方法往往容易得到组织和个人的重视,执行起来更加具有效率,因此,依靠行政方法管理景区环境能够起到较为理想的效果。

在我国,旅游景区管理者可分为两类:其一为完全的管理者;其二为不完全的管理者。不完全管理者具有一定的行政职能,如自然保护区、世界遗产单位管委会等。前者应配合政府环保部门研究制定旅游景区环境保护政策,组织制订和检查旅游景区环境保护计划。而后者,由于本身具有一定的行政职权,应该在与环境保护部门合作的基础上,依据景区的实际情况制定和实施环境标准,颁布和推行环境政策。

我国通常采用的行政管理方法有行政通告、政府行政倡议以及政府的专项整治和综合整治等。

行政通告是指政府和旅游主管部门针对某项内容制定规则并公开颁布实施的方式。例如,2005年国家旅游局和国家环保总局联合下发的《关于进一步加强旅游生态环境保护工作的通知》就属于政府行政通告的形式。行政通告对相关责任人能够起到较强的约束作用,规则内容的执行同样具有一定的强制性。

政府行政倡议是为了推动某个环保行为或环保观念而由政府及相关管理部门发起的运动。

专项和综合整治是指政府职能部门对于严重影响景区环境质量的问题进行的专项治理或对景区环境问题进行的全方位治理的行为。政府牵头推行的整治往往能够在短期内达到理想的效果,但是由于整治工作具有短期性和针对性的特点,在环境整治之后,原来存在的问题可能会继续出现。

(五)技术方法

技术方法主要是指在进行景区环境管理时用科学的方法、科学技术措施以及科学的理念,通过引入先进的科学技术来加强对景区环境监测、污染处理等工作。例如,将地理信息系统、全球定位技术、遥感等俗称的"3S"技术引入环境系统监测能够大大提高环境监测的精度和连续性。又如,景区垃圾生态综合处理技术,结合景区的景观建设需求,在分类的基础上采用多种方法对景区垃圾进行多层次的综合利用与处理。这不仅解决了景区垃圾的出路问题,而且再造的景观具有美化环境的作用,还可以培育成为重要的旅游吸引物。此外,各种物理、化学、生物、环境工程等方法也可大力引入到景区环境监控与管理中来。

案例参考

案例1:神农架削山填溶洞建机场引争议

神农架的原始森林对于很多旅游的人来说,就像一块世外桃源,从未被人们污染。不过就在这片处女地上,正在修建号称华中最高的机场。

根据媒体报道,正在修建的将军寨-神农架机场海拔高达2580米。为了兴建这个机场,当地挖平了60多米高的山头,然后再填平山峰之间的洼地。地处喀斯特地貌的神农架,为了建这个机场,还要填平为数众多的溶洞。费了好大力气建成的华中最高机场,未来可能面临的却是每年有150天滴水成冰的寒冷日子。

消平5个山峰,填掉数百溶洞

据当地媒体报道,机场海拔2580米,遍布溶沟和溶洞;持续150天的冰冻期,"滴水成冰"。艰苦的自然条件下,数百名工人凿山填石,夜以继日。两年时间,这个华中第一高的神农架机场,已初具雏形。

神农架机场,是湖北省建设鄂西生态旅游圈的重大项目。2011年4月,神农架机场正式开工。历经两年多时间,机场建设接近尾声。

2800米长的机场跑道、棱角分明的航站楼、综合楼及机场配套的公路,基本已经建成。大型挖机和数百工人正在加紧平整场地和装饰。

神农架是个典型的喀斯特地貌,机场坐落在陡峭的山顶。5处耸立的山峰被削平,变成了宽阔的机场。矗立机场之上,群山一览无余。

挖平60多米高的山头,再填平山峰间的洼地。高山机场就是这样建成的。当施工人员凿平山峰,拨开山上稀薄的土层时,喀斯特地貌特有的溶洞、溶沟,全部裸露出来。

据介绍,神农架机场地貌形态是岭型峰丛洼地,容易出现不良地质现象,建设者们在边坡地带和道面区共处理溶洞、溶槽、溶沟、溶隙、漏斗217个。基本完工的机场场区,已看不到溶洞、溶沟。

对于施工人员来说,这里的施工条件异常恶劣。工程部负责人张峰波说,"神农架的天气变化异常,气候条件恶劣,雨天雾天很多,年冰冻期有150天。10月下旬,工地夜间温度在0℃左右,冬天工地最低温度达零下20℃左右。"

是大手笔的建设还是大手笔的破坏?

神农架削山填谷建机场看起来非常博人眼球,但是这种事情已经多次发生。兰州、十堰、延安,一个个地方纷纷向大山要空间。我们不能否认,适当地开发会给当地经济发展带来积极的影响,但是媒体所关注到的削山造城、削山填谷建机场的所谓大手笔,给人的感觉都像是拍脑袋作出的决定。

中国社科院城市发展与环境研究中心研究员杨重光认为:虽然2013年10月机场建成之后,从武汉飞到神农架只需要50分钟,看似对当地交通有积极的作用。但是神农架是自然保护区,而且是处于喀斯特地貌区域。这样的大手笔对于环境会不会造成重大影响? 杨重光说,有的建设破坏是小面积的,可能我们还可以填补、修复。但机场建设是大面积的,而且不管是机场自身,还是机场的周围以及与机场相关的区域都可能会遭到一定影响,也会产生相应的破坏,自然的形成是长期的,甚至是几千年、几万年所形成的,我们是不可能修复的。这到底是大手笔的建设,还是大手笔的破坏都很难说。

资料来源:神农架削山填溶洞建机场引争议[N].钱江晚报,2013-06-15.

案例2:风景名胜区环境卫生管理标准

一、组织管理

1.风景名胜区主管单位设有环境卫生管理机构,根据国家有关规定,负责风景名胜区的环境卫生和饮食服务卫生管理工作。

2.按照国务院《风景名胜区管理暂行条例》和有关环境卫生法规,制定出环境卫生管理办法和工作制度。

3.有环境卫生专业队伍,负责环境卫生清扫、垃圾粪便的处理以及对游人污染环境行为的管理。

二、环境卫生管理

1.风景名胜区内按规划设置公共厕所、垃圾箱、果皮箱等公共设施。定期清理、保持清洁卫生。

2.主要景点的公共厕所为深坑无害化厕所或水冲厕所,并有专人管理。做到基本无臭味、无蚊蝇、无蛆虫、无随地便溺现象。

3.妥善处理粪便、污水,对垃圾等废弃物做到日产日清,对粪便和垃圾要设立处理场。

4.风景名胜区的废水、废气、废渣等有害物质要按国家有关标准经过处理后排放,无随意排污现象。

5.风景名胜区内道路完好、清洁。

6.主要游览区无牲畜粪便,绿地中无垃圾和其他废弃物。

7.驻景区单位、住户落实"门前三包",经常保持周围环境整洁。门前无乱搭、乱建、乱堆、乱挂。

8.驻景区居民有良好的卫生习惯,不随地吐痰,不乱丢污物,不乱倒垃圾,不乱泼污水,不随地大小便。

三、容貌管理

1.各类自然景物、人文景物保存完好,无破败荒芜现象,周围环境经常保持整洁、清新,无损伤景物、污染环境和影响观瞻现象。

2.景区内的道路、公共场地上无违章堆物、搭建,施工场地围栏作业,做到工完场清。

3.景区内供游人游览、休息的设施、建筑物保持完好、整洁、无残墙断壁。景点的山石、树木以及各处墙壁上无乱刻、乱画、任意钉凿、涂抹迹象。

4.景区内的景点介绍说明牌、标志牌需在指定地点设置。做到定期维修、油饰,保持图文清晰,清洁美观。

5.景区河、湖等各种水域无倾倒废弃物和超标排放污水现象。做到定期疏浚,保持水流畅通、水面清洁。

6.景区内的工作人员及从业人员仪表端庄,衣着整洁。

四、行业卫生管理

1. 风景名胜区内各行各业环境清洁卫生,室外绿化、美化,室内地面、四壁、顶棚清洁,食堂卫生,厕所内外干净,粪便清运及时。

2. 饮食服务行业和食品加工单位严格执行《食品卫生法》及有关卫生管理条例,不出售有害、有毒、受污染以及腐烂变质食品,无鼠害、虫害污染。经县级以上卫生防疫部门检验,卫生合格率达百分之九十以上;餐具、茶具消毒合格率达百分之九十五以上。

3. 饮用水要经过消毒、净化,达到国家生活饮用水标准。

4. 旅馆、招待所、客房各类用具有清洗消毒作业制度,室内无苍蝇、臭虫、虱子、跳蚤、蟑螂,被单、褥单、枕加一客一换。

5. 个体摊贩要定点挂证经营,商品摆放整齐,经常保持摊位及周围清洁,无尘土污染和虫蝇。

6. 经允许进入景区的车、船等交通运输工具保持整洁容貌,无漏油、排污等影响环境卫生现象。

资料来源:建设部.风景名胜区环境卫生管理标准[S].

案例3:《北京市风景名胜区管理规范》出台

野生动物繁衍栖息,最怕受到人类活动的侵扰。从2014起,本市27家风景名胜区将陆续为野生动物设置绿色通道,保证野生动物可以利用通道自由地觅食、迁徙。

市园林绿化局日前出台了《北京市风景名胜区管理规范(试行)》,其中在动植物保护章节中明确提出,要为景区内野生动物的自由迁徙提供便利。对于景区内穿越野生动物分布区和活动区的游览道路,应设置野生动物迁徙通道,并设置清晰的通道标志。

"在景区内设迁徙通道,这在野生动物保护领域还是比较新的尝试。"市野生动物保护站站长王民中表示,此次提出的迁徙通道主要为兽类和两栖类、爬行类动物服务,鸟类不在其中。

和很多人的想象不同,迁徙通道并不是简单的一条路的概念。王民中介绍,根据景区条件,迁徙通道可以利用已有的桥洞、涵洞,让野生动物和游客交错通行;也可以是一个比较宽广的植被带,动物穿行其中可以从这个栖息地到达另一个栖息地,并且途中能找到充沛的食物。

近年来,到风景名胜区观光游览的游客越来越多,很多景区的开放区域也在逐年扩大,这对野生动物的栖息造成了一定程度的侵扰。"现在好些景区里修的都是很宽的水泥路,可以来回走车,小动物过马路一定提心吊胆。"经常到郊区登山旅游的退休老人张亚琴感慨,去年在云蒙山,她就曾亲眼目睹一只黄鼠狼过马路时差点儿被迎面开过来的汽车撞死。

如果能为野生动物设置迁徙通道,动物在穿越游览区时将会安全得多。但具体怎么个建法,市园林绿化部门目前在景区内还没有试点。部分生态保护、生物学专家建议,景区内的迁徙通道在数量上应尽量多于一条;通道采用近自然的基质,如小石子儿路、林带、草地等,让野生动物有亲近感;另外,如果是服务于体型较大的野生动物,例如野猪、猪獾等,通道要保证足够的宽度。

为野生动物设置迁徙通道,本市在风景名胜区中还没有先例。但在城市公园奥林匹克森林公园中已有尝试。

占地近7平方公里的奥林匹克森林公园,被北五环路分割为南北两区。横跨北五环、连接南北两区的是一座"生态廊桥"。这座桥长约270米,宽度从60米到110米不等。和国内绝大部分桥梁不同,这座桥的桥面上覆盖了十几厘米厚的土壤,种植了大量华北地区的乡土植物。

这座"生态廊桥"为昆虫和小型哺乳动物生长提供了"近自然"的环境,另外也为动物在两园之间迁徙创造了条件。

另外,根据《北京市风景名胜区管理规范(试行)》的要求,各景区还将为重点保护野生动物划定保护区,提供救治、救助和避难场所。

《北京市风景名胜区管理规范(试行)》的其他亮点:

1. 杀虫禁打高毒农药

条文:风景名胜区内的林木病虫害防治应采用无公害技术,规范杀虫剂、除草剂、化肥、农药等药品的使用,避免对土壤和地下水环境造成损害。

2. 溶洞景区要限客流

条文:风景名胜区管理机构应严格保护溶洞景区内重点洞段、重点景观,防止游人触摸和损坏;控制游客数量,避免由二氧化碳总量超标对洞穴资源造成破坏;洞内灯光配置应避免高热光源。

3. 噪音不超 50 分贝

条文:风景名胜区内噪声排放应按照《中华人民共和国环境噪声污染防治法》达到 0 类标准,不得超过 50 分贝。大型社会活动期间需使用音响器材的,应在规定时间内使用,并控制音量。

4. 危险区域要设标志

条文:风景名胜区管理机构应在游览危险地段、水域及危险动物出没、有害植物生长区域设置安全管理设施和警示标志,并作防范说明;非游泳区、非滑冰区、防火区、禁烟区应当设置明显的禁止标志。

5. 配建避难场所

条文:风景名胜区管理机构应构建各类灾害防灾体系,包括灾难预警系统、避难场所、避难路径、标志系统、物资储备、防灾管理、安全监测系统等。

资料来源:王海燕.本市风景名胜区管理出新规,从明年起——景区要给动物留条迁徙道[N].北京日报,2013－11－13.

技能训练

任务背景:1992 年 11 月 16 日,我国国家建设部为进一步加强风景名胜区环境卫生管理工作,开展风景名胜区环境卫生管理达标活动,创造良好的游览环境,促进风景名胜区事业的发展,制定了《风景名胜区环境卫生管理标准》。该标准开始执行距今已经有 20 多年的时间了,景区遇到的环境问题更加的严峻和多样化,游客对于景区的环境要求也日益提高,所以对标准进行与时俱进的修改和完善是十分必要的。

任务:每 5 人为一个小组,参考案例 2 和案例 3,结合知识讲解中旅游景区的环境问题等内容,为该标准提出与时俱进的修改和完善的合理化建议。

要求:提出的建议要合理化,有创新性,能切实解决旅游景区遇到的新的环境问题,每组至少提出 5 条建议,并落实为文字上交。

时间:60 分钟

课外活动

各小组课下任选一个景区,对景区环境现状进行观察,结合课上完成的任务为该景区制订一份景区环境保护方案。方案包含该景区现存的环境问题、产生原因、保护与管理措施等内容。报告一周后上交。

任务三 景区设施设备的维护和保养

热身活动

回忆你调研过的旅游景区都为游客提供了哪些设施设备？景区内的设施设备可以分为哪几类？

知识讲解

一、景区设施设备的概念

景区的设施设备是构成景区固定资产的各种物质设施设备，是景区各种产品的物质基础和经营的依托。景区的设备是指单一的物质产品，而景区的设施是由单一设备组成的系统整体。

二、旅游景区设施设备的类型

景区设施类型多样，根据其性质和功能，可分为基础设施、服务设施、娱乐活动设施三个大类。三个设施大类还可以进一步细分为不同的亚类，并包含了具体的设施内容，详见表6-2。

表6-2 旅游景区设施的类型

设施大类	设施亚类	设施内容
基础设施类	道路交通设施	车行道、停车场、步行道、特殊交通道
	给排水及排污设施	蓄水系统设置、输水管道设置、排水系统设置、污水处理系统设置
	电力通信设施	电力系统设施、预备供电系统、电话网、移动信号基站、宽带信息网络、电话服务点、邮政
	绿化环卫设施	树木、花卉、草坪、旅游厕所设施、垃圾箱、垃圾收集站、垃圾处理设施等
	游览安全设施	闭路监控设施、消防监控设施、安全警告标志、危险地带安全防护设施、救护设施设备等
服务设施类	住宿设施	包括各种住宿建筑设施及服务设施
	餐饮设施	餐饮建筑设施及餐饮服务设施
	商业设施	商业网点建筑及商业服务设施
	康娱设施	康娱建筑及辅助服务设施
	导游设施	引导标志、导游全景图、景物介绍牌、标志牌、旅游信息触摸屏、游客服务中心等

设施大类	设施亚类	设施内容
娱乐活动设施类	水上娱乐设施	浴场、游泳池、水上乐园、游船、游艇、垂钓池、漂流、竹筏等
	陆上娱乐设施	动植物园、娱乐中心、游览车、儿童乐园、博物馆、展览馆、高尔夫球场、滑雪场、速降、蹦极、攀岩等
	空中娱乐设施	热气球、小型飞机、滑翔伞、索道等

(一)基础设施类

景区基础设施看似与对游客服务没有直接联系,但它却是景区正常运行、旅游活动顺利完成的基本保障。没有它,游客无法实现景区内的空间转移,所有的旅游服务几乎都无法提供。同时,景观协调、富于美感的基础设施还是构成景区吸引力的重要因素。因此,景区基础设施的完备程度、质量高低与景区运营紧密相关。景区的基础设施主要包括道路交通设施、给排水及排污设施、电力通信设施、绿化环卫设施、游览安全设施等。

1.道路交通设施

道路交通设施是保证游客在景区正常合理流动的前提条件,在景区中起到贯穿全局的作用,是景区游客使用最普遍、最基本的设施,为旅游者提供导向。景区道路交通设施主要包括车行道、步行游道、停车场和特殊交通通道如索道、缆车、踏步电梯、马帮、水面交通工具、空中交通工具等。

2.给排水及排污设施

旅游者在景区内开展的旅游活动离不开水源的提供,因此,景区内必须具备足够的水源或蓄水、提水工程设施,并且有完善的供排水管道系统设施。同时,为保证对环境的影响降至最低,还必须有污水处理设施与污物处理排放的系统。

3.电力通信设施

电力设施是景区其他设施的动力源泉和夜间照明的光源,通信设施是景区内游客和管理者与外界联系的基本保证。因此,景区内拥有能保质、保量、安全可靠的供电、输电网以及方便、快捷的通信设施,才能保证整个景区正常地为游客提供服务。景区的电力设施主要包括电力系统设施、预备供电系统;通信设施有电话网、移动信号基站、宽带信息网络、电话服务点、邮政等。

4.绿化环卫设施

景区内的绿化设施除了能满足景区内功能配置的需要之外,也是营造良好景观效应的一种需要;同时,规划得体的绿化设施还可隐蔽、遮掩有碍景观的建筑,平衡生态和改善景区环境质量的作用。环卫设施则起到保持旅游景区环境整洁、卫生的作用。景区的绿化设施主要是各种绿化花木;环卫设施主要包括厕所、垃圾箱和垃圾处理站等。

5.游览安全设施

旅游业对安全的敏感度远高于一般产业和社会系统。严重事故、恐怖活动、不良治安、自然灾害等都会严重阻碍景区的可进入性。游客的人身安全是旅游者进行旅游活动的前提,因此必须消除一切可能的危险因素,为广大游客营造一个舒适、安全、环境优越的景区。景区游览安全设施包括闭路监控设施、消防监控设施、安全警告标志、危险地带安全防护设施、救护设施设备等。

(二)服务设施类

1.住宿设施

住宿设施主要指景区内为游客提供住宿服务的宾馆、饭店、疗养院、度假村、民居旅馆、野营地等设施。

2.餐饮设施

餐饮设施主要指景区内为游客提供食品、酒水饮料的快餐店、中餐厅、西餐厅、风味餐厅、咖啡厅和酒吧等设施。

3.商业设施

商业设施是指为游客提供日常用品和旅游商品购买的商业网点,既包括景区内分散的商业网点,又包括商业服务设施较为集中、完善及标准较高的商业服务中心。

4.康娱设施

康娱设施是指为满足人们康娱需要,进行康娱活动而兴建的建筑、设施设备等综合体的统称,如桑拿城、足浴馆、健身房、温泉泡池以及各类球场(馆)。

5.导游设施

景区导游设施是景区解说系统的重要组成部分。它包括游客引导设施和解说设施两种类型。游客引导设施是指对游客行为具有提示、引导性的文字、符号或图案等。景区解说设施是对景区总体以及主要景点进行讲解、介绍的图文解说和多媒体解说系统等。

(三)娱乐活动设施类

1.水上娱乐设施

除了传统意义上的浴场、游泳池、水上乐园等水上娱乐活动设施以外,它还包括游船、游艇、垂钓池、漂流、竹筏等设施。

2.陆上娱乐设施

陆上娱乐设施主要是指动植物园、娱乐中心、游览车、儿童乐园、博物馆、展览馆、高尔夫球场、滑雪场、速降、蹦极、攀岩等在陆地上进行的各种娱乐活动所依托的设施。

3.空中娱乐设施

空中娱乐设施主要包括热气球、小型飞机、滑翔伞、索道等。

三、旅游景区设施设备管理工作的任务

1.负责景区设施设备的配置

不论是开发新旅游景区还是改造旧的旅游景区,只要增加新的设施设备,工程部都要遵循"技术上先进,经济上合理,经营上可行"的原则负责选购、运输、安装和调试设备。

2.保证景区设施设备的正常运转和使用

使景区的各项设施设备处于良好状态是保证旅游景区正常运转的前提条件。要保证设施设备处于良好的状态就要使操作者和使用者了解设施设备的性能、功效和使用方法,以便能正确操作。

3.景区设施设备的检查、维护、保养与修理

景区设施设备的检查、维护、保养与修理是景区日常管理的重要组成部分。通过检查可以发现设施设备的问题并及时处理,以防止事故发生。通过维护与保养,可以提高设施设备的使用率,延长其使用寿命。

4.景区设施设备的更新改造

对老的设施设备进行改造或更新的管理工作有:制订更新改造计划;对要更新改造的设施设备进行技术经济论证;落实更新改造资金来源;合理处理老设备。

5.景区设备的资产管理

旅游景区设备的资产管理是对设施设备进行分类、编号、登记、建档等管理,以避免资产流失和管理混乱,使设备管理规范化。

四、旅游景区设施设备的维护与保养

(一)设施设备的维护制度

(1)加强景区配套公共设施的日常维护管理。首先,要建立日常维护管理工作机制,发现设施损坏或被盗的,要及时维修和恢复,消除隐患,保持景区配套公共设施有效、安全,避免因维护管理缺位而引起负面影响。

(2)采取多种措施,加强景区公共设施的长效管理。一是制定并落实维护管理人员的值班巡查制度及责任,强化巡查管理;二是不断改进和加强防范措施,采取人防与技防相结合,注重技防手段在公共设施中的运用,要结合公共设施的分布现状和价值大小情况,因地制宜加强技术防范管理。

(3)加强景区治安管理工作。景区要加强治安管理人员的管理、教育,增强治安管理人员的责任心,日常治安巡逻和日常维护管理中,治安管理部门与物业管理部门要加强信息沟通,互通情况,及时掌握动态信息情况,一旦发现景区公共设施毁坏、被盗等情况的,要及时通报,及时做好维护、维修管理。

(二)设施设备的点检制度

设施设备点检的分类:日常点检、定期点检、专项点检。

设施设备点检的优越性:提高维修保养的针对性和主动性,减少盲目性和被动性。各个项目明确且量化,保证维修工作质量,培养维修技术人员的分析能力和判断能力,提高其专业技术水平。制定严格的点检线路,使用规范化点检表,便于实行点检考核,增强工作人员的责任感,提高工作效率。采用点检记录卡,积累设备的原始资料,有利于充实和完备设备技术档案,为设施设备信息化管理奠定基础。

设施设备点检的方法和步骤:

(1)确定设施设备检查点和点检路线,检查点应确定在设施为一些重点设备的关键部位和薄弱环节上。

(2)确定点检项目和标准。

(3)确定点检的方法。

(4)确定点检周期,制定点检卡。

(5)落实点检责任人员。

(6)开展点检培训。

(7)建立和利用点检资料档案。

(8)对点检工作进行检查。

案例参考

案例1:张家界武陵源景区基础设施提质升级成效初显

厕所越修越靓了,游客休憩处越来越人性化了,景区救护站越来越完善了⋯⋯这是5月上旬在武陵源核心景区看到的新景象。武陵源景区综合提质改造工程自2012年2月4日启动以来,工程进展顺利,基础设施发生显著变化,游客接待规模也稳步增长。截至5月7日,武陵源区实现旅游接待规模逾 382 万人次,同比增长 5% 上。

武陵源于 2006 年创建 5A 级景区,景区整体基础设施建设在原来的基础上跃上了一个崭新的台阶。近年来,随着旅游产业的强劲发展和转型升级,核心景区各类旅游基础设施的接待容量、档次与不断增长的游客接待量之间的矛盾日显突出。2011 年,武陵源核心景区一次性进山人数达到了 339 万人,各类旅游基础设施接待能力与不断增长的游客数量逐渐不相适应,加上部分设施的老化,景区存在厕所数量不足、游道断裂松动、标志牌不规范、缺乏综合雷电灾害防御设施等 9 大问题,造成景区美誉度受损。

武陵源区委、区政府将 2012 年确定为景区基础设施提质升级改造年。从 2 月份开始,武陵源区按照"人性、安全、标准"的原则,在保证景区自然和谐、游客正常游览的前提下,通过政府组织调控、景区企业参与的方式严格按规划和时间节点有序进行。本次景区提质投资额达 2 亿多元,历时将达 3 年,重点对旅游厕所、游道、标志牌、雷电灾害防御、景区办公用房等基础设施进行"大手术"改造,实现"一年打基础,两年上水平,三年成精品"的建设目标。

武陵源区分布在游客集散地水绕四门、十里画廊、索溪峪门票站、天子山贺龙公园、月亮垭的 5 个厕所已在"五一"期间改造完毕并投入使用;百龙天梯上下站、十里画廊下站的候乘亭和休息处也全部新装迎客;百龙天梯下站、十里画廊上站的旅游厕所正在加紧施工,预计 6 月中旬竣工并对游人开放。

资料来源:邓道理,吴勇兵. 张家界武陵源核心景区提质升级成效初显[EB/OL].[2012 - 05 - 11]. http://hn. rednet. cn/c/2012/05/11/2610721. htm.

案例 2:华山景区人性化服务 小细节提速大旅游

山岳型景区旅游淡旺季明显,地形地貌复杂、空间大、面积大、自然条件恶劣等特征都增加了其管理和服务难度,再加上管理和服务人员的综合素质与中心城市相比还有较大差距,这些都使得景区的管理整体相对粗放,不够精细,服务也显得比较简单和粗糙。

近年来,华山景区管委会在不断提升景区基础设施的同时,在景区叫响了"关注普通人需求"的口号。以满足游客多层次的需求为目标,提出服务无止境,游客需求无小事,改进软件服务水平,全力打造全球人性化服务的典范景区,全面提升了华山景区的核心竞争力。

关注每位游客的需求

饿了,有可口而干净的饭菜吃;累了,路边有板凳休息;急了,沿途有配备好手纸、洗手液的环保厕所;病了,有紧急的救护……为全面满足游客的需求,一系列人性化措施在华山景区展开。

引进高科技手段,投资 700 万元新建生物环保型厕所 31 个,配备手纸、洗手液、干手等装备,安排专人 24 小时不间断做好清洁保障工作,增设了残疾人厕位和无障碍通道,解决由于山上缺水导致的游客如厕难问题。

从陕西各地聘请民俗小吃大师,对景区大小宾馆饭店的厨师进行培训,使各个宾馆饭店都能制作各地的特色小吃,同时对景区饭店厨房操作间的卫生情况做统一要求,让游客吃得舒心,吃得放心。

引进多功能卡布基诺咖啡机等设备,为外国游客提供便利。有两位来自加拿大的游客在北峰休息时,看到有卡布奇诺咖啡,感到很意外,也很惊喜,他们细细品味后竖起大拇指说:"没想到在华山上能品尝到纯正的意式咖啡,感觉真好。"

每年五一、十一等节假日都是华山景区游客接待量最大的时候,为了让游客吃好喝好不受冷,节假日前景区挑山工挑担里的花色也就多了起来,纯净水、方便面、蔬菜、肉类、米面油等一应俱全,为山上的宾馆饭店积极储备过节物资。按照管委会的要求,山上各宾馆饭店也都会提前储备足够的雨衣、棉大衣等防雨御寒物品。一系列以"情"服务,为华山景区赢得了好口碑。

细节化管理,以真情促服务

在关注游客需求的同时,华山管委会把"情"作为服务理念的核心,以"真源华山、待客如亲"为景区文化,推出了 60 岁以上老人不排队、70 岁以上老人免购门票、向 80 岁以上老人赠送纪念品的人性化服务措施;在山门、索道购票和候乘区域安装电扇、电视,播放音乐,并为老人小孩设置休息专座。

2011 年 7 月,华山景区整合华山主峰区、仙峪、玉泉院和西岳庙景区资源,推出华山核心景区"一票制"政策,不仅为游客提供了更多在华山游玩的景点,也降低了总票价的价格。同时,华山景区管委会还推出"华山 2 日游指南",结合游客夜晚登山、徒步登山等各种需求方式进行了线路编排。

提升管理的细节化和人性化是华山景区提升服务质量的又一"法宝"。在华山景区五云峰管理站上,有专门负责区段卫生管理、紧急救护以及监督区段安全、卫生和防火的保安人员,他们负责把每天遇到的事情以及处理的结果进行登记汇报。

正是这些情溢华山的服务,给游客带来宾至如归的享受。创建国家 5A 级旅游景区以来,整个华山景区没有出现一次不安全事故,也没有一件游客投诉,表扬信却收到了不少。

夜游华山 "险而不惊"

为一睹壮丽、绝美的华山日出,许多游客都选择在夜间攀登华山,这也使华山成为了全国唯一的 24 小时全天候开放的山岳型景区。

为保障游客在夜间安全顺利到达顶峰,华山景区的管理人员挖空心思。在售检票口,工作人员一天分 4 班倒,不论白天夜间,咨询电话要在响第三下之前接起来。

华山山门售票处的招牌,原来是钉在侧对着上山路的墙上。为了服务夜登华山的游客,景区取消了木刻的指示牌,全部更换为反光面膜,方便游客夜间看。每到夏天,夜间降雨比较频繁,景区门口为游客准备了免费雨衣。管委会在全山路段都更新了路灯,现在,夜登华山已经可以不用手电。从顶峰回望,灯光蜿蜒,如一条巨龙直通山下,成了华山的另一道风景。

华山峪管理处负责从进入山门到千尺幢的游客服务。在百尺峡、回心石、老君犁沟等地势险要地段,夜间也有人负责引导游客。每隔几百米,都会有一名安保队员巡逻。分布在这段路上的十几家商店,夜间也照常营业,为游客提供服务。

现在华山变得越来越"险而不惊"。不断加强的安全措施,让游客尽可以放心大胆游华山。在通往朝阳峰鹰嘴岩的必经之路,95 度倾角的云梯让很多游客踟蹰,现在云梯旁建了坡度略大的铁梯,方便游客安全上下。在华山第一险"长空栈道"、第二险"鹞子翻身",增设了安全带、保护挂钩等措施,也能确保万无一失。

资料来源:华山景区管委会. 华山景区人性化服务 小细节提速大旅游[EB/OL]. [2013 - 02 - 06]. http://city. sina. com. cn/city/t/2013 - 02 - 06/155535282. html.

技能训练

小组讨论:结合知识讲解和案例 1 及案例 2 的内容,分析华山景区在基础设施的人性化改造上有哪些具体的措施(要求条理清晰,每个措施用数字编号)。除此之外景区还可以在哪些方面来对基础设施设备进行提升和改造,让游客有更安全、舒适的旅游体验(用具体实例来说明如何对景区基础设施设备进行提升和改造)。

课外活动

以小组为单位,课下从网络和报刊上搜集:最近 2 年发生的因为景区设施设备的问题而导致的安全事故的案例(不得少于 5 个),并总结每个事故发生的具体原因,然后根据知识讲解的内容给出解决景区设施设备安全隐患的办法(要求制作成 PPT,图文并茂,简明扼要),两周后每个小组在课堂上展示成果。

项目七　旅游景区建设新趋势

项目目标

技能点：

熟悉标准化景区的相关国际标准及国家规定；熟悉智慧型景区的建设方向和建设内容；具备阅读和领会国家标准和政策文件的能力，能洞察景区发展新趋势并能迅速接受和学会信息技术在景区中应用；具备为景区进行标准化建设和智慧型景区建设提供合理化建议的能力。

知识点：

了解景区标准化管理的基本内容和发展历程；了解数字化景区及智慧型景区的概念及我国智慧景区的建设概况；熟悉旅游景区获得国际质量体系认证的程序；熟悉智慧型景区建设要点；熟悉景区智慧化发展的新趋势。

验收点：

通过本项目的学习，学生应该能对国家政策具有敏锐的洞察力，能够根据国家旅游局标准化景区评定标准，制订景区标准化建设的工作方案；能够洞察景区在智慧型建设中的新趋势，并为智慧型景区的建设提出合理化的建议。

任务一　创建标准化景区

热身活动

在景区游览时，你是否遇到了景区游览秩序混乱，参加游乐节目时需要排起长龙等待；景区环境卫生欠佳，环卫设施明显不足；玩累了想休息却找不到休息设施；景区服务人员表情淡漠，态度生硬，仪态仪容不够优美等类似的问题呢？景区采取什么样的管理措施能够解决这些问题呢？

知识讲解

一、旅游标准化发展历程

（一）国际标准化发展历程

国际标准化运动起源于 20 世纪初叶的欧洲，最早开始于电子领域。1906 年世界上最早的国际标准化机构国际电工委员会（IEC）成立，其他技术领域的工作原由成立于 1926 年的国家标准化协会的国际联盟（International Federation of the National Standardizing Associations，ISA）承担，重点在于机械工程方面。ISA 的工作因第二次世界大战在 1942 年终止。1946 年，来自 25 个国家的代表在伦敦召开会议，决定成立一个新的国际组织，其目的是促进国际合作和工业标准的统一。1947 年 2 月 23 日，国际标准化组织（International Organization for Standardization,ISO)宣告成立,这是一个总部设在瑞士日内瓦的非官方国际组织,并于1951年发布了第一个标准工业长度测量用标准参考温度。后来,国际标准化运动由工业产品、农产品、交通运输等领域扩展到信息产业和服务业,旅游标准化则出现在 20 世纪 80 年代以后,是标准化家族中年轻的成员。

(二)中国旅游标准化建设情况

我国的旅游标准化工作起步要早于欧洲国家。我国 1993 年颁布实施了《旅游涉外饭店的星级划分及评定》,后经 1997 年、2003 年、2010 年修订为《旅游饭店星级的划分与评定》。这一标准的出台,不仅对我国旅游行业,而且对全国服务性行业标准化工作的推动起到了非常显著的示范作用。目前,星级的概念已经成为消费档次和服务质量的象征,其应用范围已经远超出了饭店行业。

1995 年,经国务院标准化主管部门批复,国家旅游局成立了旅游标准化专业机构——全国旅游标准化技术委员会(SAC/TC 210),负责旅游业的标准化技术归口工作,分别负责旅游标准化各个方面的研究工作和标准编制的组织工作。其由国务院标准化主管部门(即国家标准化管理委员会,简称"国家标准委"),委托国家旅游局负责领导和管理,委员由旅游行政管理人员和旅游专家及旅游企业的专业人员组成。2000 年,国家旅游局发布实施旅游业标准体系表,首次建立了以旅游六要素(食、住、行、游、购、娱)为基础的标准体系框架,2009 年又对该框架进行了全面的修订完善。这一体系框架是根据旅游业的基本特点和内在规律,按照标准技术内容的共性特征,分为旅游业基础标准、旅游业要素系统标准、旅游业支持系统标准、旅游业工作标准四个业务领域,并扩展到部分标准项目。

旅游标准在促进行业素质提高方面起到了巨大作用,已经成为行业管理的一柄利器。比如,自《旅游区(点)质量等级的划分与评定》(GB/T 17775—1999)1999 年 10 月 1 日起正式施行以来,已据此标准评定出各种 A 级景区近千家,深刻而显著地改变了我国旅游区(点)管理和服务长期落后的面貌,促进了我国旅游区(点)加快迈向保护、开发、建设、经营和管理的新高度。2003 年 5 月 1 日实施《旅游区(点)质量等级的划分与评定》(GB/T 17775—2003),替代了GB/T 17775—1999。新标准的制定旨在加强对旅游区(点)的管理,提高旅游区(点)服务质量,维护旅游区(点)和旅游者的合法权益,促进我国旅游资源开发、利用和环境保护。

2010 年 6 月 10 日,国家旅游局公布了首批全国旅游标准化试点城市(区)、县和试点企业(单位)名单,包括 1 省、5 市(区)、5 县、66 家试点企业(单位),其中旅游景区企业有 30 多家。2012 年 4 月 1 日,国家旅游局公布了第二批全面推进旅游标准化试点单位名单,其中旅游景区有 10 家。2014 年 8 月 6 日,第三批全面推进旅游标准化试点单位名单公布,其中旅游景区有 10 多家。

二、旅游景区开展标准化建设的意义

(一)开展景区标准化建设是满足人们旅游消费的客观需要

随着我国对外开放、社会经济高速发展和人民群众生活水平的持续提高,旅游消费已经成为人民群众,尤其是城镇居民消费的重要组成部分。旅游景区作为给游客提供参观游览、休闲度假、康乐健身等服务的旅游企业,是游客旅游的主要区域场所。通过景区标准化建设,完善各项服务标准和规范,提升服务质量,可以进一步满足人民群众对于景区的旅游消费需要。

(二)开展景区标准化建设是推动旅游产业转型升级的重要抓手

随着国内外旅游业由旅游观光加速向休闲度假转变,广大旅游者对旅游产品的质量和旅游服务的水平要求不断提高,旅游产业转型升级的步伐更快、任务更重。要实现旅游产业的转型升级,不仅要在优化旅游产业要素、培育旅游产业主体、深化与相关产业融合、创新旅游业态等方面继续深化,更需要在旅游服务质量、旅游市场秩序、行业监督管理等方面实现提升和突破。旅游标准化是旅游业发展的重要技术支撑,也是推动旅游产业转型升级、提升旅游产业总体素质和竞争力的重要手段。

(三)开展景区标准化建设是提升旅游服务质量的重要举措

旅游标准化建设的根本目的,是提升旅游产业素质和旅游服务质量,为旅游业的科学发展夯实基础、提供支撑,促进我国服务业以及经济社会的发展。所以,景区开展旅游标准化建设是提升自身旅游服务质量和水平的重要措施。同时,旅游景区只有重视旅游标准化建设,才能适应我国旅游发展的形势,跟上旅游发展的步伐。

三、旅游景区标准化建设的着力点

(一)景区基础设施标准化建设

景区标准化建设的重点之一是景区基础设施标准化规范化建设。游客乘车通往景区的道路应通畅平整,出入便利。景区要有与其相协调的景区停车场,布局要合理,地面要平整坚实,容量要足够,管理要规范,停车标示要醒目齐全。景区内各种服务设施设备规范标准有以下方面:景区公共信息导向系统要齐全,各种标示牌设置符合功能性、实用性要求,体现景区特色,公共信息图形符号及文字要有标准规范,标志标示如何设置也要有章可循。要有游客服务中心并配备必要的工作人员,以便于游客遇到问题时及时提供帮助;要有布局合理、数量适当、标示醒目、卫生干净的公共厕所建设服务标准;建立游客遇险求助方位定位系统。应有游客公共休息设施建设服务标准,由于受景区地形地貌等客观条件限制,很多景区游客公共休息设施数量不足,布局不够合理,给游客休息造成很多不便。

旅游景区设施设备标准化建设内容要点如表7-1所示。

表7-1　旅游景区设施设备标准化建设内容要点

		内容要点
设施设备	旅游交通	可进入性,与景观环境相协调的停车场、机房、码头、游览线路、航道,交通工具
	游览	各种引导标志,游览宣传教育材料,咨询中心,服务中心,投诉中心,游览辅助设施
	旅游安全	消防、防盗、救护设备
	卫生、环境	环境整洁,植被覆盖率,公共厕所,垃圾箱
	通信	设施布局,畅通
	旅游购物	购物点布局,特色产品
	休闲	游客休息设施
	特定设施	残疾人员特定使用设施
	旅游资源与环境的保护	环境监测设备,环境、资源保护设施

(二)景区人员服务标准化建设

景区基础设施是基础,人员服务是关键。首先是景区人员形象标准化建设,为了树立景区鲜明的企业形象,企业员工要有统一的服装,就是工号牌也要进行精心的视觉设计。景区管理服务人员统一整洁的服饰,会在第一时间给踏入景区的游客带来信任感和安全感。其次是各个岗位人员服务用语的标准化和规范化,严格按照各级旅游主管部门制定的有关服务标准和规范,让游客听得明白,听着舒服。再次是人员服务内容的标准化,什么岗位的人员,应该给游客提供哪些方面的服务必须有标准和规范并认真执行。

旅游景区管理服务标准化建设内容要点如表 7－2 所示。

表 7－2　旅游景区管理服务标准化建设内容要点

		内容要点
管理服务	综合服务	管理机构、管理制度、管理人员素质、服务人员素质、总体规划、培训、导游讲解
	服务态度	职业道德、文明礼貌、真诚可信
	服务仪表	行为规范、仪表整洁、精神饱满
	服务技巧	不同岗位的技巧、服务的艺术性
	服务时效	服务时间、等待时间、服务准确率

(三)景区信息服务与管理标准化建设

努力打造景区信息化管理是景区标准化建设的重要内容。随着我国科技发展和信息化技术的不断进步,景区必须把信息化建设纳入标准化建设之中,要加大资金投入,在网络建设、门户网站建设、自动化办公系统建设、信息监控、电子巡查等方面加强建设,努力打造数字化景区。

(四)景区游客安全标准化建设

游客安全重于泰山,景区有责任有义务通过安全标准化建设,确保游客旅游安全。近年来,由于景区缺乏安全意识或者安全措施不到位而造成的游客伤残甚至死亡安全事故时有发生,教训非常深刻。在景区安全标准化建设方面,需要做到以下方面:一是所有道路、设施、交通工具、游乐设施等都要达到国家要求;二是要建立每日巡视检查制度和定期检修制度标准,有问题及时发现及时处理,避免长期不检查不检修而造成安全事故;三是要有游客人数控制安全预警制度标准,当游客人数达到一定数量时通过景区网站以及其他媒体进行预警,提示人们避开游客人流高峰,同时超出景区接待能力时及时对游客人数进行控制。通过安全标准化建设,逐步打造平安景区。

四、旅游景区标准化建设应注意的问题

(一)提高认识,成立机构

旅游景区标准化建设必须提高认识,它绝不是上级旅游主管部门下达的行政任务,而是新时期国家推动旅游产业转型升级,提升旅游服务质量的新措施,是旅游景区自身发展的需要。如果不进行标准化建设,很可能就会在旅业快速发展中落伍,就会被游客抛弃。同时,旅游景区标准化建设是一个专业性很强的系统工程,必须由主要领导亲自挂帅并成立专门的工作机构统一协调,抽调专门的人员,安排专项资金,用于建立健全标准体系、组织标准的实施、开展标准化宣传培训等。

(二)调查研究,符合实际

景区标准化建设的很重要工作是标准化体系的建立和有关标准的制定。而标准体系的建立和有关标准的制定必须会同有关部门,参照国家已有标准,结合自身实际加以制定。各项服务标准不能由标准化办公室人员在办公室闭门造车主观臆造,应该深入实际,便于操作和实施。如果一项标准不是从实际出发,不具有可操作性,再好的标准也没有用。

(三)重视学习,全员参与

自从 2010 年 3 月开展旅游标准化试点以来,各地都取得了一定建设成绩。在标准化建设过程中,要避免故步自封,要重视到标准化试点单位学习交流标准化建设的经验,相互学习,共同提高。同时要重视全员参与的学习培训活动,对于旅游企业来说,规范性地开展标准化建设毕竟时间不长,很多东西需要学习培训,通过学习培训和交流,达到人人知道标准化、人人参与标准化、人人执行标准化的浓厚氛围。

(四)完善标准,重在落实

景区标准化建设重在落实。制定了标准而不加以贯彻落实,标准化建设就失去了意义。从试点企业看,旅游标准化体系与实际工作还存在着一定的脱节,岗位职责与服务标准,部分从业人员的认知度、执行度还需加强。我们必须清醒地认识到,旅游标准化建设工作的开展,绝不是临时性的一蹴而就的工作,它具有长期和实践性,最终必须贯穿到日常工作的各个方面,必须体现到旅游服务提供的所有细节上,必须反馈到游客满意度的持续提升上,因此,景区在标准化建设过程中,不仅要重视各项标准的修订和完善,更要坚持不懈地抓落实,坚定不移地抓实效,使景区真正能够通过推动旅游标准化实现管理方式的创新和发展方式的转变,使景区服务质量有明显的改善和提升。

案例参考

案例 1:旅游景区标准化的相关国家标准和行业标准

1.《旅游区(点)质量等级的划分与评定》(GB/T 17775—2003)

2.《旅游景区服务指南》(GB/T 26355—2010)

3.《旅游景区游客中心设施与服务规范》(LB/T 011—2011)

4.《旅游景区讲解服务规范》(LB/T 014—2011)

5.《旅游景区公共信息导向系统设置规范》(LB/T 013—2011)

6.《城市旅游集散中心等级划分与评定》(LB/T 010—2011)

7.《旅游信息咨询中心设置与服务规范》(GB/T 26354—2010)

8.《旅游厕所质量等级的划分与评定》(GB/T 18973—2003)

9.《旅游餐馆设施与服务等级划分》(GB/T 26361—2010)

10.《旅游购物场所服务质量要求》(GB/T 26356—2010)

11.《旅游娱乐场所基础设施管理及服务规范》(GB/T 26353—2010)

12.《国家生态旅游示范区建设与运营规范》(GB/T 26362—2010)

13.《旅游度假区等级划分》(GB/T 26358—2010)

14.《温泉企业服务质量等级划分与评定》(LB/T 016—2011)

15.《绿色旅游景区》(LB/T 015—2011)

16.《内河旅游船星级的划分与评定》(GB/T 15731—2008)

17.《游览船服务质量要求》(GB/T 26365—2010)

18.《游乐园(场)安全和服务质量》(GB/T 16767—2010)

19.《旅游电子商务网站建设技术规范》(GB/T 26360—2010)

案例2：河南省八里沟景区的标准化建设

一、遵循国家标准，依据行业标准，规范景区服务品质和环境

河南省八里沟景区在景区旅游标准化创建中，紧紧围绕国家旅游局《旅游标准化发展规划》，严格按照《旅游景区质量等级评定与划分》，实施国家标准，坚持行业标准，累计投入创建资金600多万元，进行了全面的开发、建设和规范。

一是加快了旅游基础设施建设，完善了服务功能。严格按照5A级旅游景区建设要求，对景区各项基础设施如游客中心、职工生活区进行了高标准规划，增强了导游、售票、问讯、邮政、休闲、物品寄存、租赁、失物招领、医疗救助、旅游投诉等多种服务功能。在原有基础上，投资40万元对景区的厕所进行了全面升级改造，采用先进的泡沫封堵技术，增强其环保实用的性能，所有厕所标牌醒目，设备齐全；投资100万元对景区车行道、停车场重新进行了铺设；投资150万元，增加了漂流项目，丰富了景区旅游产品；投资20万元，改造了桃花湾步行道；投资40万元将景区内的栏杆改为仿石、仿竹栏杆；投资90余万元开发了点将台、石花岩等3条登山线路；投资30万元增加了休闲设施和消防设施。

二是实施标志用公共信息图形符号普及建设。在贯彻实施国家标准和行业标准中，景区根据自己的主营业务需要，按照公共信息导向系统设置的原则和要求，对景区各景点、出入口、弯道处的导向系统进行了全面的规范和更新，新增设大型导览图4块，导向指示牌34块，停车指示牌7块，交通标识牌31块，关怀警示牌117个，服务信息标识牌56块，全部采用了中、英、日、韩四种文字，设计精美、大方、醒目。

三是严格规范了经营场所，提升了服务意识。为建立规范有序的经营场所，景区出台了一系列旅游商品经营和管理制度，重点对游客服务中心、景区山门服务点和景区内各经营点等近百个购物场所进行了整顿和规范。明确经营人员统一着装上岗，商品明码标价，文明经营，童叟无欺，深受广大游客的好评。

四是规范提升了景区导游讲解服务。通过公开招聘的方式，精挑细选，组建了一支由27名学历高、素质好、语音标准、热爱景区讲解事业、平均年龄在22周岁的景区讲解队伍，讲解语种涵盖普通话、英、韩、日、粤等，能够满足不同地区游客的需要。

五是提高了景区景观品质，改进了景区环境条件。在旅游标准化工作中，参照5A级景区的要求，对景区服务品质的提升和环境条件的改进进行了整治。增加各式垃圾箱近百个，治理了景区宾馆农家、伙房商棚的燃煤、燃木材现象，有效地净化了景区空气质量。两年来新种植沙金柏、金丝柳、迎春花、槭桃树、瓜子黄杨等5000余棵，移栽桃树、爬山虎、月季花、竹子3000棵，果树修剪、喷药率达90%以上，有效改进和美化了景区环境。

六是投资15万元与北京创景天下签订了咨询服务协议，为景区规范发展奠定了软基础。

二、贯彻地方标准，提升服务质量，景区市场竞争力显著增强

在旅游标准化创建工作中，景区深入贯彻落实《河南省旅游景区服务规范》等地方标准，以精细管理为手段，以提升服务为目的，景区影响力逐步提升。

一是建立旅游标准化安全管理机制。成立了以主抓安全工作的副总为组长，保安部经理、经营部经理为副组长的安全管理领导小组。对24名安全保卫人员实行军事化管理，定岗、定人、定职、定责,确保组织有力,行动一致。在消防管理安全建设中,经常性邀请辉县市消防中队开展消防培训和消防演练,定期对景区消防设施、电力设施进行安全检查,做到了设备无老化,安全无隐患。同时,还搭建了景区山门全程监控指挥平台,对进出景区的游客进行全方位关注,配备无线对讲机共计 30 台,实现了主要部位监控管理现代化。

二是打造赏心悦目的旅游环境。景区把净化环境、美化景区作为旅游标准化工作的重要部分,开展了一系列的卫生环境治理工作。在经营管理部的具体负责下,60 名环卫工人对景区实行全天候保洁。对景区开发前遗留下来的 4 处乱石堆进行培土绿化;先后增购垃圾箱216 个,垃圾车 1 辆,确保了垃圾的及时清理。

三是建立景区旅游救护服务体系。成立了由辉县市水利医院和景区医疗室组成的联合救护中心,设立景区内外两个医疗点,制定了《景区医疗救助控制程序》,购置了药箱、药品、担架等大量医疗器材,设立了救援电话,明确了专职救护人员,最大限度地保障游客的生命安全。

四是举办丰富多彩的旅游参与活动。为激发游客的旅游热情,今年景区先后举办了六次重要的旅游活动,即南太行亲水文化节、玫瑰相约红石河、九九重阳登山节、冰雪节、旅游大使选秀赛、回馈社会大型文艺晚会等,此外,在旅游旺季还为游客组织了 60 多次篝火晚会,调动了广大游客的参与热情,丰富了景区的旅游内涵。

五是建立了完善的旅游投诉处理机制。在接待部和游客服务中心均设立了旅游投诉接待站,公开投诉电话,制定了较为完善的投诉受理和处理制度,明确了两名工作人员为专门投诉受理人员。同时,在景区售票处、网站、宣传资料、门票上均公布了投诉电话,24 小时受理游客投诉,保证了游客各项投诉意见的顺利传递。2010 年至今,共受理投诉 25 起,全部妥善处理,游客满意率达 100%。

资料来源:河南省八里沟景区有限公司.创建旅游标准化示范景区 打造山水旅游首选目的地——河南省八里沟景区标准化建设纪实[N].中国旅游报,2011 - 12 - 16(12).

技能训练

任务:以 5 人为一个小组,教师给每一小组发放《旅游区(点)质量等级的划分与评定》文字材料一份。

(1)小组成员在组长的带领下了解《旅游区(点)质量等级的划分与评定》的相关内容。

(2)选择附近的一个景区作为调查对象。

(3)利用校内的网络实训室,查找该景区的相关资料,完成《旅游区(点)质量等级评定与划分》国家标准评定细则中细则一"服务质量与环境质量评分细则"中旅游交通的可进入性这个部分的评分。

(4)并利用网络资源查找景区相关的游览、旅游安全、卫生、邮电服务、旅游购物、综合管理、资源和环境的保护等方面信息,对该景区的服务与管理状况有一个初步的认识。

时间:60 分钟

课外活动

教师带领学生到达课上选定的景区进行实地考察,以小组为单位,每个小组分别负责游览、旅游安全、卫生、邮电服务、旅游购物、综合管理、资源和环境的保护其中的一项,小组内再分工,每位学生分别重点负责现场考察的一个方面。现场考察完毕后,小组内进行汇总和整理,完成对景区该项目的现状总结和评分,并完成《××景区××项目的调研报告》。一周后每组派出一名代表在班级内进行交流汇报。

任务二　创建智慧型景区

热身活动

智慧是"让人更聪明的生活","旅游"是让人更诗意的栖居。"智慧旅游"俨然成为当下关注度极高的热门词语,景区都能在哪些方面体现出"智慧"呢？你感受到了景区的哪些"智慧"?

知识讲解

一、"智慧景区"的概念和内涵

广义的"智慧景区"是指将科学管理理论同现代信息技术高度集成,实现人与自然和谐发展的低碳智能运营景区。这样的景区能够更有效地保护生态环境,为游客提供更优质的服务,为社会创造更大的价值。狭义的"智慧景区"是"数字景区"的完善和升级,指能够实现可视化管理和智能化运营,能对环境、社会、经济三大方面进行更透彻的感知、更广泛的互联互通和更深入的智能化的景区。狭义的"智慧景区"强调技术因素,广义的"智慧景区"不仅强调技术因素,还强调管理因素。

广义的"智慧景区"内涵丰富,主要包括以下方面:

(1)通过物联网对景区全面、透彻、及时地感知。

(2)对景区实现可视化管理。

(3)利用科学管理理论和现代信息技术完善景区的组织机构,优化景区业务流程。

(4)发展低碳旅游,实现景区环境、社会、经济的全面、协调、可持续发展。

二、"智慧景区"的总体架构

信息化建设是"智慧景区"建设的基础和核心内容。信息化建设能加快信息的收集、传递、加工和处理速度,实现对景区更透彻的感知、更广泛的互联互通和更深入的智能化,及时、准确、全面地为景区管理决策提供科学依据。其建设内容主要包括信息基础设施、数据中心、信息管理平台和综合决策平台。

1.信息基础设施

信息基础设施需要在国家信息基础设施建设的基础上,根据景区保护与发展的需要进行延伸,要能够实现人与人、人与物、物与物之间的通信,使彼此之间按需进行信息获取、传递、存储、认知、决策和使用。这不仅需要将电信网、互联网和有线电视网三网融合,还需要在景区推广使用物联网技术。景区可以将各种传感设备(射频传感器、位置传感器、能耗传感器、速度传感器、热敏传感器、湿敏传感器、气敏传感器、生物传感器等)嵌入景区物体和各种设施中,并与互联网相互连接,使物体和设施通过自组织来实现环境感知、自动控制,可实现对游客、社区居民、工作人员和景区基础设施、服务设施、地理事物、自然灾害等进行全面、透彻、实时的感知,从而实现景区智能化管理。

2. 数据中心

数据中心是景区信息资源数据库的存储中心、管理服务中心和数据交换中心，是景区信息化建设的基础。数据中心的建设不仅要能实现景区管理各环节间的信息共享，消除各系统之间的数据孤岛；还应为公众提供智能服务，使不同用户能够通过资源共享平台，根据其权限获取他们所需数据。景区在建设数据中心时还需努力统一数据标准，使数据能深度整合；要能确保数据安全可靠，富有弹性。此外，景区还可以通过使用虚拟数据库和云计算技术减少能耗，降低成本。

3. 信息管理平台

景区信息管理平台要能实现资源监测、运营管理、游客服务和产业整合等功能。它主要由以下系统构成：

（1）地理信息系统。它是建立资源管理、环境监测、智能监控、高峰期游客分流等系统的基础和前提，通过它不仅能更直观地将游客行迹、视频监控、环境监测等数据以图形化真三维方式展示出来，还能把多媒体技术、数字图像处理、网络远程传输、卫星定位导航技术和遥感技术有机地整合在同一平台，为景区管理决策提供重要的支持。

（2）旅游电子商务平台和门禁系统。通过旅游电子商务平台，景区可以为游客提供旅游资源、旅游线路、景区文化等信息，实现航空、酒店、景区门票、绿色观光车、保险等网上预订，不仅可以方便游客出行，还能限制游客人数、整合区域旅游资源、打造区域旅游品牌。此外，由于网络技术的高速发展，游客了解旅游信息越来越倾向于使用网络搜索。门禁系统可以缩短游客排队时间，降低门票成本，避免伪造门票，实时记录和分析进入景区的游客数据，提高游客管理水平。

（3）景区门户网站和办公自动化系统。门户网站是景区网络营销的窗口，可以搭起景区与游客沟通的桥梁，能够帮助上级主管部门及时掌握景区最新动态。办公自动化系统可以减少或缩短办事流程，提高信息发布速度，降低办公成本，提高办事效率。

（4）高峰期游客分流系统。高峰期游客分流系统可以均衡游客分布，缓解交通拥堵，减少环境压力，确保游客的游览质量。景区可以通过预订分流、门禁分流和交通工具分流实行三级分流。首先，通过旅游电子商务平台对团队游客进行分流。当团队游客预订数量接近最大环境容量时，就停止网上预订。其次，通过门禁系统对游客进行分流，让游客分时段进入景区。最后，通过对交通工具的灵活调度对游客进行实时分流。这需要运用 RFID、全球定位、北斗导航等技术实时感知游客的分布、交通工具的位置及各景点游客容量，并借助分流调度模型对游客进行实时分流。

（5）其他配套系统。景区要实现智能化管理，还需要建设其他配套系统，如规划管理系统、资源管理系统、环境监测系统、智能监控系统、LED 信息发布系统、多媒体展示系统、网络营销系统和危机管理系统等。

4. 综合决策平台

为实现管理和服务深度智能化，景区需要搭建综合决策平台。该平台建立在信息管理平台和众多业务系统之上，能够覆盖数据管理、共享、分析和预测等信息处理环节，为景区管理高层进行重大决策提供服务。该平台还应将物联网与互联网充分整合起来，使景区管理高层可以在指挥中心、办公室或通过 3G 智能手机全面、及时、多维度地掌握景区实时情况，并能及时发号施令，以实现景区可视化、智能化管理。

智慧景区总体构架示意图如图 7-1 所示。

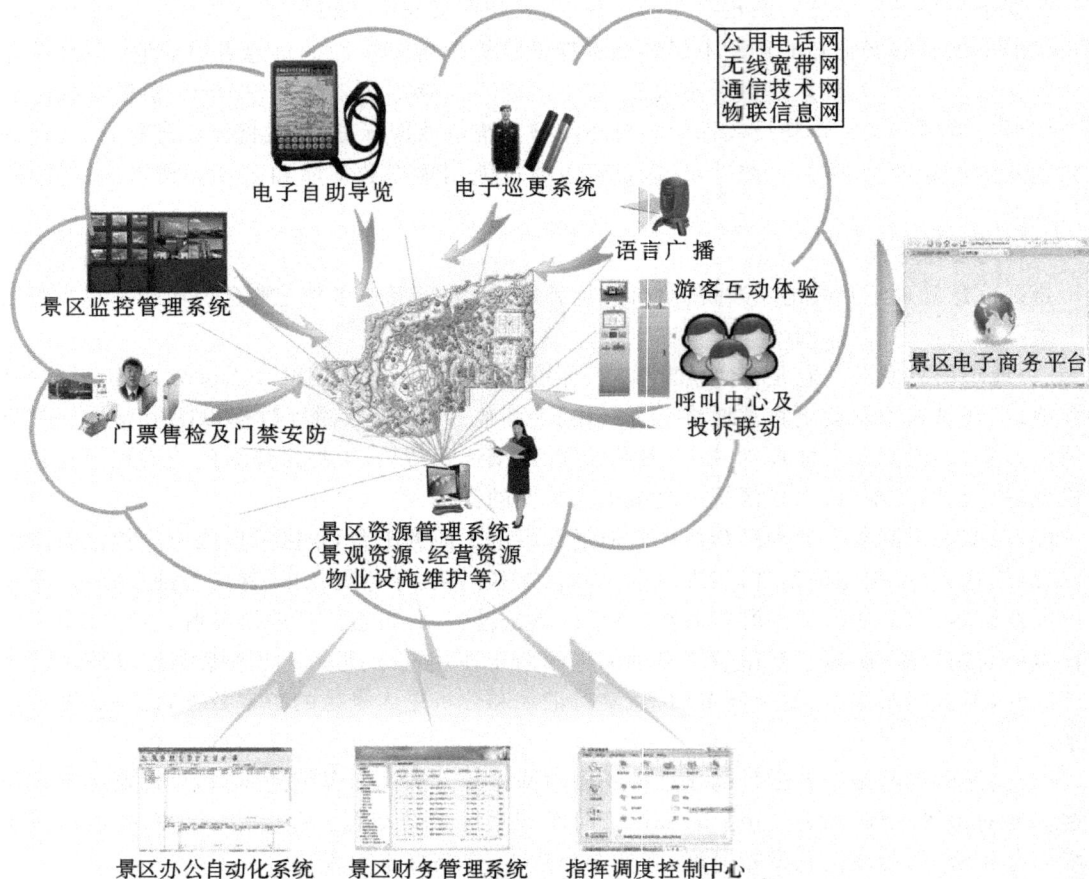

图 7-1　智慧景区总体构架示意图

三、"智慧景区"建设注意的事项

"智慧景区"建设不是一蹴而就之事,需要长期不懈努力,需要集结众人智慧,需要整合各方资源。因此,建设"智慧景区"还需要注意以下问题:

(1)建设"智慧景区"不仅需要技术的突破,还需要组织结构的变革,是一个复杂的系统工程,需要在制定总体规划的基础上有计划、分阶段地实施。

(2)建设"智慧景区"是运用科学的管理理论和现代信息技术对原有制度、业务流程进行变革和优化,需要协调不同部门、不同单位、不同利益群体之间的关系,需要景区一把手重视和牵头成立专门部门来组织全员参与。

(3)建设"智慧景区"是为了实现生态环境更好的保护,旅游经济更快的发展,为游客提供更优质的服务,为社会创造更大的价值,需要运用系统思想来处理保护与发展的关系、近期建设与长远发展的关系。

案例参考

案例 1:推动景区数字化,西樵山旅游显"智慧"

智慧旅游越来越受到人们的关注和期待,实现资源保护数字化、经营管理智能化和产业整合网络化成为新时期旅游业可持续发展的时代需求。在此背景下,"数字景区""智慧景区""智慧旅游"被相继提出。

广东省佛山市西樵山风景名胜区近年来以创建国家 5A 级旅游景区为契机,全面推进景区数字化建设,使景区向"智慧景区""智慧旅游"方向转变。

实行 24 小时动态管理

据了解,为创建国家 5A 级旅游景区,西樵山风景区大力进行数字化建设工作,实现景区 24 小时的动态管理。

西樵山景区有关负责人认为,旅游工作的本质就是创造智慧,景区智慧旅游的"智慧"主要体现在旅游服务智慧、旅游管理智慧和旅游营销智慧三方面。在旅游景区中,旅游资源信息系统、规划管理、视频监控、电子票务与门禁、数字化广播、数字导览、网络营销、虚拟旅游与虚拟现实模块、LED/DLP 电子显示屏等都可以成为"数字景区"的建设内容。"数字景区"的建设能在信息共享中变多级管理为扁平化管理,变粗放管理为精细化管理;促进定性管理向定量管理转变、经验管理向科学管理转变、静态管理向动态管理转变、事后管理向超前控制转变,能有效提升景区的旅游服务质量和游客满意度。

西樵山数字化建设主要包括以下四大部分:

其一,编制一个数字化景区建设规划。与中国移动合作,深入研究"数字化景区"建设的具体需要,统筹兼顾,科学论证,适度超前,合理确定"数字化景区"建设的基本思路、总体目标、建设内容、重点任务和实施步骤,编制西樵山风景区"数字化景区"总体规划方案。

其二,建立一个综合应用系统。"数字化景区"建设,除风景名胜区监管信息系统等必备应用系统外,还根据业务工作信息化管理的需要建立其他系统。西樵山风景区目前已经建设电子门票系统、视频监控和语音广播系统、LED 播报系统、无线 WIFI 免费上网、西樵山门户网站、电子商务系统等系统。但各系统还没有形成服务接口组件,现在正完善建设整合原有系统功能,建立西樵山风景区信息化综合平台,综合平台主要作为整体系统集成,景区各项实际应用将以模块化形式,开发为子系统,再以功能模块集成到综合平台上。

其三,建立一个统一的数据中心。目前西樵山风景区在山南游客服务中心已建设数字化信息机房,建立统一的数据中心,从技术上和管理上建立一套有效的共享机制,实现信息资源集中、高效、便捷的管理和应用。

其四,建立一个综合指挥调度中心。目前西樵山风景区在山南游客服务中心正搭建一个综合指挥调度中心,改进传统管理模式,实行 24 小时值班和服务,改善管理部门调度不良、信息不畅的问题,实现集中高效应用和统一协调组织,构建统一指挥、快速反应的管理体系。

游客出入西樵山全记录

"以往我们对于出入西樵山的车辆和游客只能进行人工登记,不仅耗费大量人力物力,而且统计数据并不准确。"西樵山景区有关负责人说。在电子门票系统建成以前,西樵山风景区和国内大多数景区一样为传统的售检票模式,全部依赖于手工管理。后来在 2011 年 1 月 5 日西樵山开始实行电子门票系统项目。

"通过电子门票的记录信息,对每一部车辆的出入情况,每一位游客的游览情况都能详细记录,方便景区进行统一管理和维护。"该负责人表示,目前西樵山为保护景区环境,严格控制机动车上山数量,而电子门票系统为这项统计工作带来极大的便利。

据了解,车辆游客入口验票配置快速道闸和车辆读卡机以及无线手持验票机,其中快速道闸配备手动遥控开闸,车辆读卡机配备 IC 卡门票和条码门票读取并控制开闸以及远程蓝牙 IC 卡读取并控制开闸,同时具备对车辆的车牌进行图像抓拍和车牌号码自动识别,无线手持验票机为无线网络接入并应用于游客在车辆上快速验票。车辆游客出口放行配置快速道,其中快速道闸配备手动遥控开闸,同时具备对车辆的车牌进行图像抓拍和车牌号码自动识别。

"就算是在停电的情况下,也不用担心系统瘫痪。"据介绍,在停电应急处理方面配置 UPS 电源,保证除机械部分设备外的售检票设备、网络系统在停电后能正常工作。在防雷方面,设置 B+C+D 共 3 级的电源防雷、UPS 专用防雷和网络信号防雷,以最大限度保护设备。

"火眼金睛"为游客护航

"一年前,我们接到游客丢失小孩的消息后,还只能发动工作人员漫山遍野找人。如今,我们除了在语音系统中发动广大游客一起帮助找人之外,还可以利用视频监控中心的录像查询每一个角落。"西樵山风景管理处负责人介绍,视频监控和语音广播系统能对景区现场实施全天候、全方位 24 小时监控及人员流动的记录,达到加强现场监督和安全管理,提高服务质量的目的。

语音视频系统的建设为游客带来不少安全保障,也为西樵山景区工作人员带来不少便利。有工作人员说:"我们多次接到游客丢失小孩和被盗的事件,都是通过语音和视频监控系统得到圆满解决。"

据了解,通过监控中心控制系统的视频矩阵,监控系统软件可以调看任意一路前端监控点的图像到电视墙,随时看到景区的任意一个监控角落,真正做到"火眼金睛",并可对系统进行管理维护、用户管理、设备划分、认证、授权等功能。

据悉,整个安全监控系统由视频监控、语音广播、求助报警双向对讲和车载巡逻监控四部分组成。视频监控部分共设置 116 个监控点,其中 77 个室外一体化高速宽动态智能快球,39 个高清彩转黑全数字多功能超级宽动态摄像机;语音广播部分共设置 63 个室外音柱、120 个草地喇叭和 26 个室内音箱;求助报警双向对讲部分共设置 25 个报警求助点,通过光纤网络平台与监控中心实现双向对讲及与视频监控系统联动;此外,还设置有车载巡逻监控系统车,对景区安全实现全方位覆盖。

如今的西樵山景区,电子商务、无线 WIFI、微博网站等数字化内容搞得风生水起,成为不少网络达人的游玩窗口。

资料来源:郭光明.推动景区数字化,西樵山旅游显"智慧"[N].中国旅游报,2012-08-29(15).

案例 2:广东博物馆尝鲜"微信导游"景点导览有新招

3 月 30 日,广东省博物馆在正在举办的"潮州木雕展览"中,首次引入微信导览平台,游客还可以详细了解自己喜欢的藏品的背景故事。

据了解,广东省博物馆早前开通了微信公众账号,并推出国内首例微信导览平台。该博物馆为每一件展出藏品匹配了专属编号,游客添加"广东省博物馆"微信账号为好友后,只要发送藏品编号,即可获得语音、图片和视频等形式的藏品介绍。微信导游随身带,既省去了租用语音导览设备的费用,又能快速了解展品背后的故事,让艺术之旅更自由。

"微信导览平台相当于为参观者提供了一个移动端的免费轻量级艺术布告栏,方便参观者根据自己的需要及时了解广东省博物馆的动态。"据相关人员介绍,游客通过添加博物馆微信公众账号为好友后,还可以提前预约、查询博物馆相关信息,随时随地了解博物馆的开放时间、门票领取方式、艺术展出信息、主题讲座、交通地址等最新消息。除了单纯的智能导览服务,微信导览平台同时还兼具客服重任。广东省博物馆相关负责人表示,"观众可以通过微信向博物馆提出宝贵意见,博物馆将认真聆听来自各方的声音,把展览做得更好,完善和改进服务,让观众更喜爱博物馆"。

"微信的存在,为有意愿涉足数字化营销服务的机构提供了一个安全、创新、灵活的展示平台和沟通平台,通过一个入口,实现多维度跨界的服务体验。"有业内人士评论指出,微信"一对一"的私密互动性具有绝对的优势,不论关键词互动也好,朋友圈分享也好,用户能感知到自己互动的对象是实实在在的人,而不仅仅是一款产品,因此主动传播欲更高。另一方面,公共事业机构在获得全方位的免费宣传、展示机会之外,也有了直面用户的沟通机会,同时满足用户多样化的体验需求。

该负责人同时透露,此次广东省博物馆正是看中了微信公众平台的这一系列优势——将数字化服务全面升级的同时,不再需要花费大量的资金以及人力物力,达到事半功倍的效果,而这一探索也为以微信为代表的移动互联网和传统典藏人文自然遗产等文化机构的社会宣传开拓了一条新思路。

"我们希望微信能够在平台性方面走得更远,使它成为一个很好的移动互联网的基础设施,可以为整个业界提供很好的一个通信开放平台,让所有第三方都能把他们有价值的应用通过这个平台让更多的用户接触。"微信团队明确表示。

资料来源:广东博物馆尝鲜"微信导游"景点导览有新招[EB/OL]. [2013 - 04 - 03]. http://news. xinhuanet. com/travel/2013 - 04/03/c_124539878. htm.

案例3:北京智慧景区建设规范(试行)

前 言

本规范由北京市旅游发展委员会提出、归口并负责解释。

本规范起草单位:北京市旅游发展委员会、北京巅峰美景科技有限责任公司。

1. 范围

本规范规定了北京智慧景区评定的基本要求。

本规范适用于北京市各种类型的 A 级旅游景区。

2. 规范性引用文件

下列文件中的条款通过本规范的引用而成为本规范的条款。凡是注日期的引用文件,其随后所有的修改单(不包括勘误的内容)或修订版均不适用于本规范。凡是不注日期的引用文件,其最新版本适用于本规范。

GB/T 17775—2003 旅游区(点)质量等级的划分与评定

3. 术语和定义

下列术语和定义适用于本规范。

3.1 智慧景区

指景区能够通过智能网络对景区地理事物、自然资源、旅游者行为、景区工作人员行迹、景区基础设施和服务设施进行全面、透彻、及时的感知;对游客、景区工作人员实现可视化管理;

优化再造景区业务流程和智能化运营管理;同旅游产业上下游企业形成战略联盟,实现有效保护遗产资源的真实性和完整性,提高对旅游者的服务质量;实现景区环境、社会和经济的全面、协调和可持续发展。

3.2 物联网

物联网是通信网和互联网的拓展应用和网络延伸,它利用感知技术与智能装置对物理世界进行感知识别,通过网络传输互联,进行计算、处理和知识挖掘,实现人与物、物与物信息交互和无缝链接,达到对物理世界实时控制、精确管理和科学决策目的。

4.建设内容和要求

4.1 通讯网络

4.1.1 公用电话网

4.1.1.1 应建有供游客使用的公用电话。数量充足,设置合理。

4.1.1.2 部署有电话报警点,电话旁公示景区救援电话、咨询电话、投诉电话。游客可拨打报警点电话向接警处系统的值班人员求助。

4.1.2 无线通讯网

能接收手提电话信号,移动通信方便,线路顺畅。

4.1.3 无线宽带网(WLAN)

应覆盖有无线宽带网络,游客在游览过程中可以方便地将手机、电脑等终端以无线方式连接上网。

4.2 景区综合管理

4.2.1 视频监控

4.2.1.1 视频监控应能全面覆盖景区,同时重要景点、客流集中地段、事故多发地段能够重点监控。

4.2.1.2 监视界面图像能在各种显示设备上显示,并能进行各种操作。视频监控应具备闯入告警等功能。

4.2.1.3 视频监控控制面板能控制画面缩放和镜头转动等,能实现图像的实时远程观看以及3G物联网视频监控等。

4.2.1.4 能支持录像的检索和调看,可自定义录像条件,录像数据存储保留时间应超过15天。

4.2.2 人流监控

应包含和实现入口人流计数管理,出口人流计数管理;游客总量实时统计,游客滞留热点地区统计与监控,流量超限自动报警等。

4.2.3 景观资源管理

4.2.3.1 能对自然资源环境进行监测或监控,主要包括:气象监测、空气质量监测、水质监测、生物监控等。

4.2.3.2 能对景区内的各类遗产资源、文物资源、建筑景观、博物馆收藏等景观资源运用现代化科学管理手段进行信息化与数字化监测、监控、记录、记载、保护、保存、修缮、维护等,从而便于景观建筑文物数据的查询检索以及面向公众展示。

4.2.4 财务管理

应使用专业的财务管理软件。并包含资产管理、筹资管理、投资管理、营业收入管理、税金管理、利润管理、成本费用管理等财务管理内容以及财务预测、财务决策、财务预算、财务控制、财务分析、财务审计等财务管理方法。

4.2.5 办公自动化

办公自动化应包含流程管理，电子邮件，文档管理，公文流转，审批管理，工作日历，人员动态展示，财务结算管理，公告、新闻、通知，个人信息维护，会议管理，考勤管理等内容。

4.2.6 经营资源管理

能应用现代化的科学手段形成一套规范的体系。并包含商业资源部署、商铺经营、经营监管、合同管理、物业规范等内容。

4.2.7 应急广播

广播应覆盖全景区，并且声音清晰。广播应由景区控制中心和指挥调度中心统一控制，遇灾害或紧急情况时，可立刻转换为紧急广播。

4.2.8 应急处置响应系统

应建设有旅游应急预案及应急响应系统。能够根据应急处理预案，对旅游突发事件进行综合指挥调度和协调救援服务。能够利用现代通讯和呼叫系统，实现对旅游咨询和投诉事件的及时受理。

4.2.9 指挥调度中心

应具备对人员、车辆的指挥调度以及对应急资源的组织、协调、管理和控制等功能。能对监控终端进行控制，获取旅游综合信息和发布旅游资讯信息。

4.3 电子门票、电子门禁

应采用电子门票形式。售、验票信息能够联网，并能够实现远程查询。应实现售票计算机化。应配有手持移动终端设备或立式电子门禁，实现对门票的自动识别检票。电子票的购买应支持手机支付或者网上金融支付等方式。

4.4 门户网站和电子商务

4.4.1 应建有以服务游客为核心内容的门户网站，且上线正常运营。

4.4.2 门户网站应包含：景区基本信息浏览，景区信息查询，旅游线路推荐和行程规划，景区推介服务，交通导航，下载服务，建有官方微博并有链接，提供多语言信息服务等内容与功能。

4.4.3 电子商务

景区门票应能实现网上预订、电话预订和网上支付、网上交易。景区旅游产品、旅游纪念品应能实现网上预订和网上交易。

4.5 数字虚拟景区和虚拟旅游

运用三维全景实景混杂现实技术、三维建模仿真技术、360实景照片或视频等技术建成数字虚拟景区，实现虚拟旅游，增强景区的公共属性。数字虚拟景区应占游客真实游览全部景区面积的较高比例。数字虚拟景区和虚拟旅游平台能在互联网、景区门户网站、景区触摸屏导览机、智能手机等终端设备上应用。

4.6 游客服务和互动体验

4.6.1 自助导游

4.6.1.1 应为游客提供建立在无线通信、全球定位、移动互联网、物联网等技术基础之上的现代自助导游系统。

自助导游硬件设备能显示景区导游图,支持无线上网,支持全球定位系统,完成自助导游讲解。

能提供手机自助导游软件下载,通过智能手机等设备完成景区地图查询搜索、游览线路规划和线路选择、景点自助讲解等功能。

4.6.1.2 可提供运用基于射频识别、红外、录音播放等技术的自助导游设备服务游客。

4.6.2 旅游资讯信息发布

4.6.2.1 旅游资讯发布方法和形式

景区应设有广告栏或多媒体服务终端机发布旅游资讯,且布放合理,显示醒目。应能在自助导游终端发布旅游资讯。能以短信、彩信等形式向游客的手机中发送信息。

4.6.2.2 旅游资讯发布内容

应包含景区基本情况介绍,景区内实时动态感知信息(温湿度、光照、紫外线、空气质量、水温水质等),景区内智能参考信息(景区景点内游客流量,车流拥挤程度,停车场空余位置等),景区管理部门发布的旅游即时相关信息等内容。

4.6.3 游客互动及投诉联动服务平台

景区内应设有触摸屏多媒体终端机。可实现查询旅游相关信息、下载软件、打印路条信息、在线留言投诉以及触摸屏上的虚拟旅游等功能。电话投诉处置系统完善。网络投诉处置系统完善。

4.6.4 呼叫服务中心

应能与 12301 旅游热线平台对接。能提供旅游产品查询,景点介绍,票务预订服务,旅游资讯查询,旅游线路查询,交通线路查询等服务。

4.6.5 多媒体展示

景区应建有多媒体展示系统,主要借助地理信息系统、虚拟现实和现代多媒体等多种技术,运用高科技手段,利用声光电来展示包括景区景观、自然文化遗产、生物多样性、古文物再现等。

4.7 智慧景区建设规划和旅游故事及游戏软件

4.7.1 自身有详尽、专业的智慧景区(景区信息化、数字景区)建设规划。

4.7.2 编写与北京城市、旅游景区有关的旅游故事,并与旅游营销结合起来形成商业化运作。

4.7.3 编写与北京城市、旅游景区有关的游戏软件,并与旅游营销结合起来形成商业化运作。

4.8 创新项目

本规范中未提及,但景区在建设、管理和服务游客等方面运用各种创新技术、手段和方法从而提升景区服务质量、环境质量、景观质量和服务游客的综合满意度等。

资料来源:北京智慧景区建设规范[S/OL].http://www.bjta.gcv.cn/xxgk/zcwj/xybz/350718.htm.

Z 技能训练

以 6 人为一个小组,阅览案例 1 和案例 2,参考知识讲解中的相关知识,并结合思维导图简介的内容,将案例 3《北京智慧景区建设规范(试行)》中智慧景区要建设的主要内容用思维导图的形式表现出来。

任务具体要求:用思维导图的形式展示智慧景区主要的建设内容时要求思维导图要图文并重,要把各级主题的关系用相互隶属与相关的层级图表现出来,把主题关键词与图像、颜色等建立记忆链接。

时间:60分钟

附:

思维导图简介

一、什么是思维导图

思维导图,又叫心智图,是表达发射性思维的有效的图形思维工具,它简单却又极其有效,是一种革命性的思维工具。思维导图运用图文并重的技巧,把各级主题的关系用相互隶属与相关的层级图表现出来,把主题关键词与图像、颜色等建立记忆链接。思维导图充分运用左右脑的机能,利用记忆、阅读、思维的规律,协助人们在科学与艺术、逻辑与想象之间平衡发展,从而开启人类大脑的无限潜能。

二、思维导图的绘制

1.绘制准备

(1)没有画上线条的空白纸张。

(2)彩色水笔和铅笔。

(3)你的大脑。

(4)你的想象。

2.绘制七个步骤

(1)从一张白纸的中心开始绘制,周围留出空白。

(2)用一幅图像或图画表达你的中心思想。

(3)在绘制过程中使用颜色。

(4)用中心图像把主要分支连接起来,然后把主要分支和二级分支连接起来,再把三级分支和二级分支连接起来,依次类推。

(5)让思维导图的分支自然弯曲而不是像一条直线。

(6)在每条线上使用一个关键词。

(7)自始至终使用图形。

3.绘制思维导图注意事项

(1)突出重点。一定要用中央图,次主题3~7个;尽可能用色彩丰富的图形;中央图形上要用三种或者更多的颜色;图形要有层次感;字体、线条和图形尽量多一些变化。

(2)使用联想。在分支之间使用连接时,可使用箭头,使用代码,使用各种相关的色彩、图示和符号。

(3)形成个人风格。布局合理,层次分明;条理顺序,使用数字;图形简洁,清楚易懂;夸张手法、有趣;颜色搭配和谐,总体效果好。

三、思维导图举例

图7-2是关于"工作流"的思维导图。

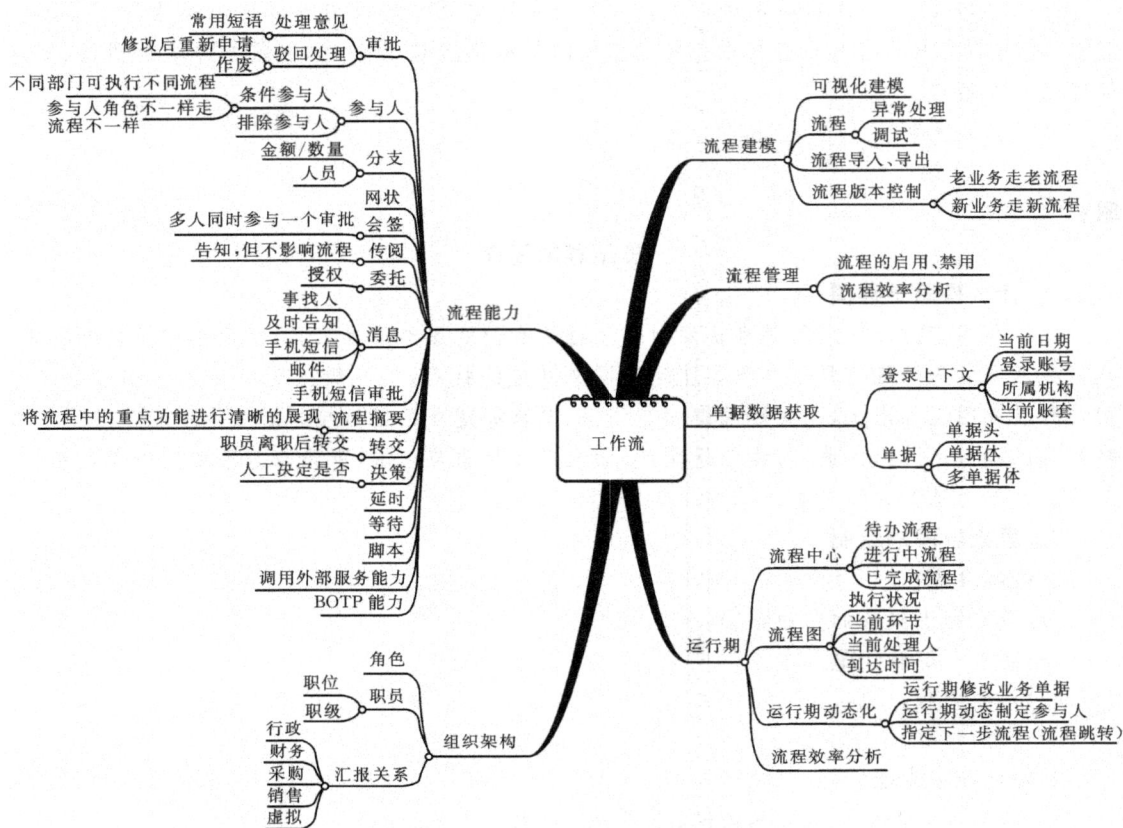

图7-2 "工作流"的思维导图

课外活动

各小组自选本地某一景区,前往该景区调研,参照课上绘制的智慧景区主要建设内容的思维导图,全面考察该景区在智慧景区建设方面的成果,尽量将在景区调研的结果拍照,并总结该景区在智慧景区建设方面的现状,将调研结果制作成PPT,要求图文并茂,分析客观、科学,并于一周后在课堂上展示。

参考文献

[1]邹统钎.旅游景区开发与管理[M].北京:清华大学出版社,2004.

[2]邹统钎,吴丽云.景区服务与管理[M].南京:南京师范大学出版社,2013.

[3]马勇,李玺.旅游景区管理[M].北京:中国旅游出版社,2007.

[4]郭亚军.旅游景区管理[M].北京:高等教育出版社,2006.

[5]吴必虎.区域旅游规划原理[M].北京:中国旅游出版社,2005.

[6]董观志.现代景区经营管理[M].大连:东北财经大学出版社,2008.

[7]彭淑清.景区服务与管理[M].北京:电子工业出版社,2010.

[8]肖鸿燚.景区服务与管理[M].北京:北京大学出版社,2014.

[9]王瑜.旅游景区服务与管理[M].大连:东北财经大学出版社,2012.

[10]宋玉蓉,孙璐.旅游景区开发与管理[M].北京:中国人民大学出版社,2012.

[11]牟红,杨梅.景区开发与管理教学指导案例集[M].北京:中国物资出版社,2008.

[12]邹统钎.旅游景区开发与经营经典案例[M].北京:旅游教育出版社,2003.

[13]曾曼琼,陈金龙.旅游景区服务与管理[M].北京:化学工业出版社,2013.

[14]牟红.景区开发与管理[M].北京:中国物资出版社,2007.

[15]柳中明.旅游区规划与设计[M].北京:电子工业出版社,2010.

[16]王庆国.旅游景区经营与管理[M].郑州:郑州大学出版社,2005.

[17]钟永德.旅游景区管理[M].长沙:湖南大学出版社,2005.

[18]禹贡.旅游景区景点经营案例解析[M].北京:旅游教育出版社,2010.

[19]北京大学旅游研究与规划中心.旅游规划与设计——景区管理与九寨沟案例研究[M].北京:中国建筑工业出版社,2011.

[20]杨丽,陆易农,白洋,海米提·依米提.新疆吐鲁番葡萄沟景区旅游市场营销组合策略[J].新疆大学学报(哲学·人文社会科学版),2008(1).

[21]刘斌,李铁松,草发超,王兴桂.八台山地质公园资源特征、功能分区及旅游线路设计[C]//中国可持续发展研究会2006学术年会青年学者论坛专辑,2006:1242-1245.

[22]黑龙江省城市规划勘测设计研究院.音河湖风景区旅游总体规划(2003—2020)[EB/OL].http://www.lvyon_baishitong.com/zyxz_show.asp? new_id=2207.

[23]沈敏,周永博,丁振山.旅游目的地客源市场细分方法创新研究[J].无锡商业职业技术学院学报,2011(6):34-39.

[24]李宝华,李淑娟.旅游资源开发中的破坏成因与对策研究[J].现代企业教育,2012(04).

[25]夏红芳.浅谈旅游资源的破坏与保护[J].科技信息,2006(07).

[26]樊敏,蔡建刚.利益相关者视角下生态旅游资源保护与开发研究——以张家界黄龙洞为例[J].现代商贸工业,2013(05).

[27]邱萍.旅游景区标准化服务模研究[J].桂林旅游高等专科学校学报,2005(10).